Christoph Kuckelkorn

mit Melanie Köhne

Der TOD ist DEIN LETZTER GROSSER TERMIN

Ein Bestatter erzählt vom Leben

FISCHER

Originalausgabe
Erschienen bei FISCHER Scherz

© 2020 S. Fischer Verlag GmbH, Hedderichstr. 114,
D-60596 Frankfurt am Main
Konzept und Idee: Käfferlein & Köhne GmbH & Co. KG. Hamburg

Gesamtherstellung: CPI books GmbH, Leck
Printed in Germany
ISBN 978-3-651-00081-0

Inhalt

Prolog

Ein junger Mann hetzt über den Bahnsteig. Die Türen schließen sich bereits, und er schafft es in letzter Sekunde noch in den Zug zu springen. Außer Atem und ohne Fahrkarte steht er da, als der Schaffner vorbeikommt und ihn nach seinem Ticket fragt. Einen Fahrschein nachlösen kann er jedoch nicht, da er kein Geld bei sich hat. Ihm droht schon ein Bußgeld, als die junge Frau neben ihm 25 Pfennig aus der Tasche kramt und sie dem Kontrolleur für eine Fahrkarte herüberreicht. Eine schicksalhafte Begegnung im Nachkriegsdeutschland.

Fast ein ganzes Leben später steht dieser Mann vor mir. Aus ihm ist ein bekannter Sänger geworden, der in Köln im öffentlichen Leben steht und auf allen Bühnen dieser Welt unterwegs ist. Die Frau, die ihm damals so aus der Patsche geholfen hatte, wurde die Liebe seines Lebens. Fünfzig Ehejahre hat er an ihrer Seite verbracht und alle Höhen und Tiefen gemeinsam mit ihr durchlebt – auch die zwanzig Jahre, in denen sie ein Pflegefall war. Aufopferungsvoll kümmerte er sich.

Nun ist sie verstorben, wir stehen im Abschiedsraum am geöffneten Sarg. Er öffnet seine Jacke, kramt 25 Pfennig aus seiner Jackentasche und gibt sie seiner Frau in die Hand. Keine Cent, sondern tatsächlich Pfennige!

»Die wollte sie nie zurückhaben, jetzt kann sie sich nicht mehr dagegen wehren«, sagt er mit einem wehmütigen Blick.

DER GERUCH VON HOLZ

Die Erinnerungen an meine früheste Kindheit sind geprägt von dem Gefühl des Abenteuers, der Freiheit, aber auch der Geborgenheit. Meine Eltern haben, seit ich denken kann, nahezu ununterbrochen gearbeitet. Sie führten in der vierten Generation unser Bestattungshaus mit zwei Filialen inmitten der Kölner Innenstadt, mussten für ihre Kunden rund um die Uhr erreichbar sein und kannten keinen Feierabend oder gar freie Wochenenden. Inmitten dieses elterlichen Betriebs bin ich groß geworden. Schon als Kindergartenkind verbrachte ich meine Nachmittage in den damals überaus modernen Büroräumen, in denen man aufgrund von großen Glaswänden von Büro zu Büro schauen konnte. Die Abtrennungen aus Glas und Holz hatten unsere Schreiner in Eigenregie gebaut, denn damals gehörte zu unserem Betrieb noch eine eigene Schreinerei. Zu dieser Zeit wurden die Särge noch bei uns im Haus produziert. Es gab eine voll ausgestattete Werkstatt mit Kreissägen, Bandsägen, Abrichthobelmaschinen, Schleifmaschinen und vielen Hobelbänken – all jene Dinge, die einem kleinen Jungen das Herz höher schlagen lassen. In der ersten Etage der Schreinerei wurden Holz und fertiggestellte Särge eingelagert. Dafür gab es eine sogenannte Laufkatze, also eine Art Aufzug, den man elektrisch rauf- und runterfahren und mit dem man das Sperrgut in die Höhe verfrachten konnte. Wie gerne habe ich damit gespielt, und wie sehr habe ich mir gewünscht, mit der Konstruktion einmal hochgezogen zu werden. Das war natürlich alles sehr spannend und aufregend für mich. Aber das Beste an der Schreinerei war ihr ureigener Geruch. Es roch immer nach frischem Holz und manchmal scharf nach Beize! Mit dem Geruch nach duftendem Holz in der Nase bin ich aufgewachsen, und bis heute versetzt mich dieser Geruch in meine Kindheit zurück.

Zu gern hielt ich mich bei unseren Schreinern in der Werkstatt auf. Und für die Mitarbeiter war ein Kind in der Werkstatt eine willkommene Abwechslung. Sofort wurde alles stehen und liegen gelassen und sich nur um mich gekümmert. Ich erinnere mich daran, dass es dort immer eine Kiste voller Flaschen mit Afri-Cola und Bluna-Limonade gab. Normalerweise tat derjenige, der eine Limo oder Cola nahm, ein wenig Geld in eine dafür vorgesehene Kasse. Wenn ich kam, durfte ich mir eine Limo nehmen, und der Meister bezahlte für mich. Das war großartig. Eine wunderschöne Überraschung erhielt ich einmal in meinen Ferien: eine eigene blaue Schürze, wie sie alle unsere Schreiner bei der Arbeit trugen. Zusätzlich wurde mir eine kleine Werkbank aufgebaut, an der ich arbeiten durfte. Ich konnte hämmern, sägen und irgendwelche Sachen zusammenbauen, was mir größten Spaß bereitete. Als Kind wurde ich so ganz spielerisch an das Handwerk herangeführt. Für mich war das alles eine faszinierende Welt und eine einzigartige Möglichkeit, Dinge auszuprobieren. Aber nicht nur die Schreinerei war mein Abenteuerspielplatz, sondern ich tobte und spielte durchs ganze Haus, das während des Zweiten Weltkriegs ein paar Treffer abbekommen hatte und nur notdürftig repariert worden war. Alles war irgendwie miteinander verbunden und überall konnte ich hingehen. Vom Dach bis zum Kohlenkeller war das ganze Gebäude mein Revier, egal ob ich mich in irgendeinem Winkel versteckte oder aber von der Treppe in den Keller selbstgebastelte Papierflieger segeln ließ. Wobei zugegebenermaßen meine ersten Flieger noch gar nicht richtig gut flogen. Ich musste eine Weile üben und ausprobieren, bevor sie irgendwann in einem schönen Bogen vom höchsten Treppenabsatz hinab in den Kohlenkeller schwebten. Meine Mutter reagierte dementsprechend entsetzt, als sie irgendwann vorbeikam und das ganze Papier im Keller liegen sah. »Was bitte schön ist denn hier passiert?« Das war natürlich auch nicht das einzige Mal, dass sie mit einer von Kinderhand ausgelösten unerwarteten Situation zurechtkommen musste. Im Alter von vielleicht zwei oder drei Jahren schloss ich sie einmal in ihrem Büro ein. Sie saß dort an ihrem Schreibtisch, und ich konnte sie durch die Glastür sehen. Ich spielte vor ihrem Büro und drehte plötz-

Das Bestattungshaus war für mich ein großer Abenteuerspielplatz. An Tote erinnere ich mich nicht.

lich ohne ersichtlichen Grund den Schlüssel herum, der dort im Schloss steckte. Meine Mutter erschrak natürlich, redete auf mich kleinen Zwerg ein, ich solle doch wieder aufschließen. Als das nichts half, rief sie: »Lass mich hier raus!« Da bin ich erst einmal weggelaufen. In ihrer Hilflosigkeit bat sie mich in einem freundlicheren Ton durch die Glasscheibe hindurch, dass ich doch wiederkommen möge. Ich weiß nicht mehr, wie lange es gedauert hat, aber irgendwann bin ich zurückgekehrt und habe es dann auch irgendwie hinbekommen, den Schlüssel wieder herumzudrehen.

Das sind die frühesten Erinnerungen an meine Kindheit. Ich erinnere mich daran, wie ich auf dem Hinterhof unseres Hauses Fahrradfahren gelernt habe, erinnere mich an all die freundlichen Mitarbeiter unseres Bestattungshauses, an meine arbeitenden Eltern und an die Nachmittage, die ich spielend im Betrieb verbrachte, während ich darauf wartete, dass meine Mutter endlich die Dinge erledigt hatte, die an jenem Tag eben zu erledigen waren. An Tote erinnere ich mich nicht, weil es sie bei uns nicht gab, denn damals wurden die Verstorbenen immer direkt vom Sterbeort zum Friedhof überführt.

Von dem eigentlichen Beruf meiner Eltern bekam ich nicht viel mit. Regelmäßig kam es vor, dass die Mitarbeiter, die normalerweise in der Schreinerei tätig waren, aufbrachen oder erst gar nicht da waren. Wahrscheinlich waren sie zu diesen Zeiten auf dem Friedhof, um Bestattungen vorzubereiten, oder sie überführten Verstorbene. Ich bemerkte nur, dass ich manchmal weniger Ansprechpartner in der Schreinerei hatte, wenn ich bei meinem spielerischen Herumwerkeln nicht weiterkam. Irgendwann waren aber alle plötzlich wieder da. Diesen Wechsel nahm ich wahr, sonst nichts. Heute weiß ich, dass das von meinen Eltern auch genau so gewollt war.

Als ich in die Schule kam, bezog unser Familienunternehmen neue Räumlichkeiten ein kleines Stück weiter die Straße hinauf. Nur die Schreinerei verlagerte sich im Zuge dieser Veränderung nach Köln-Ossendorf, einen anderen Stadtteil und somit raus aus der Innenstadt. Ansonsten blieben wir unserem Kölner Veedel, dem nördlichen Teil der Altstadt, treu. In dem ehemaligen Rotlichtviertel war für mich alles fußläufig zu erreichen – die Schule, das Büro meiner Eltern –, und hier spielte sich der Großteil meines bisherigen Lebens ab. Die damals bezogenen Räumlichkeiten in der Friesenstraße gehören bis heute zu unserem Unternehmen und beherbergen inzwischen unser Sarglager, Rückzugsorte für persönliche Abschiede sowie unsere Versorgungs- und Vorbereitungsräume für die Verstorbenen. Der repräsentativere Teil unseres Unternehmens sowie mein Büro sind seit dem Jahr 2007 nur wenige Meter entfernt in der Zeughausstraße untergebracht. Obwohl die Jahre vergingen, Menschen kamen und gingen und ich älter geworden bin, ist dies hier mein Zuhause und der Ort meiner glücklichen Kindheit.

ALLTAG EINES BESTATTERS

Ich kann von mir sagen, dass ich jeden Tag aufs Neue gerne ins Büro gehe. Auch wenn es abgedroschen klingt, so ist mein Beruf für mich viel mehr als nur reiner Broterwerb. Er ist für mich Berufung, und ich fühle mich an diesem – meinem – Platz goldrichtig! Immer wieder begegne ich den unterschiedlichsten Menschen, höre neue Geschichten oder erlebe Situationen, die mich auf ganz besondere Art berühren und nicht mehr loslassen. Zum Beispiel jene von dem Paar mit den 25 Pfennig, von dem im Prolog zu lesen war. Diese Geschichten sind es, die mich meinen Beruf so lieben lassen.

Besucher, die in unser Bestattungshaus kommen, betreten als Erstes unser großzügiges Foyer, von dem zwei unterschiedlich gestaltete Beratungsräume abgehen. Geht man geradeaus durch die Eingangshalle hindurch, kommt man zu den Schreibtischen unserer Mitarbeiter und über eine Wendeltreppe hinunter in eine kleine Sarg- und Urnenausstellung. Inzwischen gibt es hier sogar ein Sargmodell aus schnell nachwachsenden Rohstoffen wie Bananen- und Ananasblättern und Rattan. Im hinteren Teil der Räume, mit eigenem Zugang über die Seitenstraße, befinden sich ein Saal für Trauerfeierlichkeiten oder auch für kulturelle Veranstaltungen sowie mein eigenes Büro. Mein kleines, gemütliches, ganz persönliches Chaos. Hier liegen aktuelle Unterlagen auf meinem Schreibtisch, stehen Erinnerungsstücke, wie beispielsweise die Büste meines Großonkels Willi, eines Schauspielers, auf einem alten Sideboard und schmusen zwei Unzertrennliche in ihrem Papageienkäfig. Ursprünglich hatten die beiden Vögel ihren Platz in unserer Privatwohnung, aber ihre schrillen Pfiffe waren auf Dauer dann doch zu laut für unser Empfinden.

Unsere Wohnung befindet sich in ebenjenem Haus, das meine Eltern mit dem familieneigenen Unternehmen vor fast einem halben Jahrhundert neu bezogen. Es ist für mich ein großer Luxus, dass ich im Fall der Fälle in nur wenigen Minuten von unserer Wohnung ins Büro gehen kann. Meine Mutter hatte mich zunächst aus eigener Erfahrung heraus eindringlich vor dieser räumlichen Nähe gewarnt. »Mach das nicht, mein Junge!« Aber ich entgegnete ihr nur: »Erinnerst du dich, wie oft ihr von Zuhause noch einmal in die Stadt fahren musstet, weil irgendetwas zu erledigen war?« Sie konnte gar nicht anders, als mir zuzustimmen. Und noch immer bin ich überzeugt von der Richtigkeit meiner Entscheidung. Kurze Wege, kaum Zeitverluste. Es fühlt sich an, als wäre alles unter einem Dach. Hinzu kommt, dass ich ein Stadtmensch bin und das Leben in der Innenstadt mit allen Vor- und Nachteilen absolut schätze.

In unserem Haus befindet sich auch noch immer das Arbeitszimmer meines Großvaters, in dem wir seit seinem Tod nichts, aber wirklich rein gar nichts verändert haben. Tritt man hier über die Schwelle, fühlt man sich in die Zeit der 1970er Jahre zurückversetzt. Sein Schreibtisch steht vor einem wandfüllenden Regal, in dem unzählige staubige Bücher darauf warten, mal wieder in die Hand genommen zu werden. Mein Großvater war nämlich nicht nur Kopf der Firma, er war auch Doktor der Geologie und ein wirklich universalgelehrter Mensch, an den man sich als Kind mit jeder Frage wenden konnte. Um kaum eine Antwort war er verlegen und wenn doch, wusste er, wo die Antwort zu finden war – und das in einer Zeit, lange bevor wir das Wort Internet überhaupt kennen gelernt haben. Mein Großvater war eine enorm imposante Persönlichkeit und ein Hingucker mit grauen Haaren und grauem Bart. In seinem Wandschrank stehen noch heute zig Fotoalben, deren eingeklebte Aufnahmen unsere Unternehmensgeschichte bis weit in das 19. Jahrhundert hinein dokumentieren. Und an der Wand hängt ein gerahmter Spruch zum hundertjährigen Firmenjubiläum: »Seit 100 Jahren auch im Jenseits vorn, in einem Sarg von Kuckelkorn«.

Unser Familienunternehmen existiert seit dem Jahr 1864. Was als Schreinerbetrieb begann, ist heute eines der ältesten Bestattungshäuser in Deutschland. Seit nunmehr 35 Jahren (das Handwerkeln in der Schreinerei während meiner Kindheit nicht mitgerechnet) bin ich hier tätig und setze damit die Familientradition in fünfter Generation in-

Ich hatte schon mal angeregt, eventuell längerfristige Bestattungstermine zu machen, aber da hält sich der Tod einfach nicht dran ...

zwischen als Geschäftsführer fort. Wenn ich heute die Tür zu unserem Haus aufschließe, ist es natürlich eine komplett andere Situation, eine andere Zeit, aber das Gefühl, das ich mit diesem Haus, unserer Firma, unserem kleinen Kosmos verbinde, ist noch immer vergleichbar mit den positiven Gefühlen von damals, als ich noch in meinen Kinderschuhen durch die Räume lief.

Meine Arbeitstage als Bestatter lassen sich leider äußerst schlecht planen. Dieser Beruf ist sehr unstet, und Kunden melden sich in der Regel nicht lange im Voraus an. So ist es wirklich manchmal schwer, den Tag in den Griff zu bekommen, weshalb ich meist versuche, als Erster im Büro zu sein und die Fäden für die nächsten Stunden in den Händen zu halten. Da ich sowieso ein Frühaufsteher und immer der Erste im Haus bin, der wach ist, bereitet mir das keine Probleme. Meistens nutze ich die ersten, frühen Minuten für mich und verschaffe mir einen Überblick über das, was in unserem Terminkalender steht, und das, was sich am Vortag in der Welt getan hat. Ich komme nur selten zum Fernsehen und lese stattdessen als Ausgleich morgens zwei bis drei Tageszeitungen, um mir so die wichtigsten Informationen zu holen. Danach bin ich immer sehr schnell im Büro. Mein vornehmlicher Arbeitsbereich ist natürlich die Firmenleitung. Ich kümmere mich darum, morgens die Mitarbeiter einzuteilen: Wer kümmert sich um welche Beerdigung, wer fährt wohin, wer führt welche Beratung durch, und wer erledigt alles andere, das noch so anfällt. Doch kaum hat man das Gefühl, dass der Tag einem gewissen Plan folgen kann, ruft jemand an, der einen Sterbefall hat, und schon sind alle Einteilungen über den Haufen geworfen. Plötzlich muss derjenige, den man ursprünglich für den Friedhof eingeteilt hatte, einen Verstorbenen abholen, und die Friedhofsfahrt muss irgendwie anders organisiert werden. Die Logistik, die im Hintergrund abläuft, ist immens. Regelmäßig, manchmal minütlich, verändern sich die Parameter des Tages. Und darauf muss man sich immer wieder neu einstellen. Für mich ist das sowohl die größte Herausforderung als auch der größte Reiz meines Berufes. Jeder soll bei uns das Gefühl haben, dass er der einzige Kunde in diesem Augenblick ist. Er soll nicht merken, wie viele Dinge parallel im Hintergrund laufen, was noch alles gleichzeitig bewegt und bewältigt werden muss. Aber natürlich haben auch wir nur bestimmte personelle Ressourcen. Dies alles zusammenzubringen, miteinander zu verbinden und dann auch noch wirtschaftlich zu gestalten, das ist meine persönliche Herausforderung.

Eine Kerntätigkeit meines Berufsstandes ist das Beratungsgespräch. In diesem Gespräch werden die Angehörigen von Verstorbenen darüber informiert, welche unterschiedlichen Möglichkeiten der Bestattung und welche Arten von Trauerfeiern es gibt. Darüber hinaus bieten wir die Ausgestaltung der Feier mit Musik, Reden, Blumen,

Ich bemühe mich, den Hinterbliebenen zumindest eine Grundstruktur für die ersten Tage zu geben. Irgendetwas, an das sie sich halten können.

Kerzen und anderer Dekoration sowie verschiedene Möglichkeiten der Benachrichtigung mit Drucksachen und Zeitungsanzeigen bis hin zum anschließenden Leichenschmaus und dessen Organisation an. Unter dem Strich wird den Hinterbliebenen heute in diesen Beratungsgesprächen ein ziemlich großes Dienstleistungsangebot gemacht. Wir bemühen uns, das Gespräch so zu gestalten, dass die Angehörigen nicht überfordert werden. Je nachdem, wie die konkrete Situation sich darstellt, führen wir auch mehrere solcher Gespräche, um den Trauernden die entsprechende Bedenkzeit und Ruhe zu geben. Eine Familie, die jemanden betrauert, der monatelang im eigenen Zuhause gepflegt wurde oder der am Ende im Heim lebte und lange Zeit nicht sterben konnte, hat eine ganz andere psychische Verfassung als eine Familie, in der jemand morgens einen Herzinfarkt hatte, umgekippt und plötzlich tot ist. Man muss immer sehr genau schauen, wie fühlen sich die Menschen gerade, wie hole ich meine Gesprächspartner am besten ab, welche Elemente aus den Tausenden möglichen Angeboten filtere ich heraus, die genau in diesem Fall passen könnten. Ich persönlich lasse solche Gespräche manchmal einfach laufen, um herauszufinden, was die Hinterbliebenen eigentlich wollen und ob sie eventuell eigene Vorstellungen haben. Es gibt so viele Aspekte, die dabei eine Rolle spielen, und immer wieder ergeben sich auch heute noch für mich neue Situationen. Manchmal begegnen sich rund um einen Todesfall Menschen, die in ihrem alltäglichen Leben nicht mehr viel miteinander zu tun haben und nun plötzlich gemeinsam eine Bestattung organisieren müssen. Unter Umständen existieren völlig unterschiedliche Vorstellungen darüber, wie die Bestattung aussehen soll. Innerhalb einer Patchwork-Familie hat die zweite Ehefrau vielleicht ganz andere Wünsche als die Kinder aus der ersten Ehe des Verstorbenen. Vermutlich haben die Parteien auch jeweils ein ganz anderes Bild von dem Menschen, den es zu bestatten gilt. Da kann es also schon mal kompliziert und schwierig werden, eine gute Beratung durchzuführen. Dazu muss man herausfinden, wer eigentlich der Entscheidungsträger ist, und dann kann es im Gespräch eventuell zu der unangenehmen Situation kommen, den Kindern aus erster Ehe sehr deutlich sagen zu müssen, dass sie rein rechtlich gar kein Mitspracherecht haben, sondern die neue Ehefrau ihres verstorbenen Vaters diejenige ist, die am Ende das Sagen hat. Hier muss man einen guten Weg finden, der für alle Beteiligten am Ende gangbar ist. In gewisser Weise macht es sogar Freude, wenn man sich darauf einlässt und verinnerlicht hat, dass man eine Art Mediator ist. Dafür braucht es eine gehörige Portion Fingerspitzengefühl und, wenn man diese Aufgabe wirklich in ihrer Ganzheitlichkeit übernimmt, eine Menge Erfahrung – Lebenserfahrung auf der einen Seite, ebenso wie berufliche Erfahrung, weil man die Auswirkungen und das Zusammenwirken der vielen Komponenten auch abschätzen können muss.

Die persönlichen Gespräche finden entweder bei uns vor Ort in den Beratungsräumen statt oder bei den Menschen zu Hause. Manchmal ist das notwendig, beispielsweise bei Leuten, die körperlich beeinträchtigt sind. Aber auch psychologisch kann es von Fall zu Fall ratsam sein, diese Gespräche in der persönlichen Umgebung der Angehörigen zu führen, weil es sich um einen geschützten Raum handelt, in dem sie sich wohl fühlen. Andere wiederum finden das zu privat und wollen den Bestatter nicht bei sich zu Hause haben. Sie möchten sich lieber auf einer Art neutralem Boden treffen und ziehen das Gespräch im Bestattungsinstitut vor. Aber es ist egal, an welchem Ort wir den Hinterbliebenen begegnen: Es ist immer wichtig, dass wir ihnen zunächst einmal Halt geben. Die meisten Menschen erleben einen Todesfall in ihrem unmittelbaren Umfeld wie einen Bruch. Von einer Sekunde auf die andere ist plötzlich nichts mehr, wie es vorher war. Ohne große Vorwarnung verlieren diese Menschen plötzlich die Struktur in ihrem Leben. Eine Situation, die für viele traumatisierend ist. Und wenn wir den Menschen an diesem Punkt begegnen, bemühen wir uns in unserem ersten beratenden Gespräch immer darum, ihnen zumindest eine Grundstruktur für die ersten Tage nach dem Verlust zu geben. Irgendetwas, an das sie sich halten können. Manchmal zählen hier die kleinsten Dinge. Natürlich ist in der Regel nach dem allerersten Gespräch noch nicht alles komplett geklärt, aber es gibt immer schon ein paar Eckdaten, die danach feststehen. Entweder weiß man, welche Bestattungsform man favorisiert, die wichtigsten Termine sind schon einmal geklärt oder man ist darüber informiert, welche Behördengänge noch anstehen. Für jeden Menschen sind es unterschiedliche Parameter, die am Ende Struktur geben, aber für jeden von ihnen ist wichtig, einen Leitfaden zu haben, an den sie sich halten können, wenn sie das Bestattungsunternehmen verlassen. Jeder braucht einen gewissen Plan, an dem er sich die nächsten Tage von Termin zu Termin hangeln kann. Das ist essentiell wichtig und hilft, die ersten Trauertage zu bewältigen. Und weil wir das wissen, prüfen wir sehr genau, wie weit wir mit unserer Hilfestellung gehen können. Manchmal kann es angeraten sein, einen Menschen in dieser Ausnahmesituation zu entlasten, weil er das alles allein nicht schafft, aber genauso kann es bei einer anderen Person ratsam sein, diese an bestimmte Tätigkeiten heranzuführen, mit denen sie bis dato noch nie in Berührung gekommen ist. Es kann zum Beispiel bei einem Ehepaar, das in einer klassischen Rollenverteilung gelebt hat und bei dem nun der Mann verstorben ist, sinnvoll sein, die notwendigen Amtsgänge mit der Ehefrau gemeinsam zu machen, um ihr zu zeigen, wie das bei der Bank oder auf dem Amt in Zukunft funktioniert. Mit viel Empathie und aufgrund unserer Erfahrung versuchen wir, die Zeit nach einem Todesfall bestmöglich für denjenigen zu gestalten, den wir in dieser Situation begleiten. Das ist eine riesige Herausforderung, die auch psychologisches Einfühlungsvermögen erfordert, bis hin zu der Frage, ob unser Gegenüber die Situation psychisch selbst bewältigen kann oder vielleicht eine Trauerbegleitung benötigt. Auch dafür können wir noch zusätzliche Angebote offerieren. Es sind

Bei Freunden ist es für mich selbstverständlich, dass ich die Begleitung eines Todesfalls persönlich übernehme.

also unzählige Elemente und Komponenten, die bei unseren Beratungsgesprächen in immer neuen Konstellationen ein- und zusammenfließen.

An manchen Tagen habe ich das Bedürfnis, selbst wieder einen Sterbefall zu bearbeiten und zu begleiten. Wenn dem so ist, dann nehme ich mir die Freiheit und mache das auch. Manchmal wird vielleicht sogar erwartet, dass der Chef einen bestimmten Todesfall übernimmt. Genauso ist es bei Freunden oder Bekannten für mich selbstverständlich, die Begleitung persönlich zu übernehmen. Das betrifft natürlich auch meine Mitarbeiter. Es gibt Kunden, die ich am Telefon habe und denen ich einen Termin anbiete, die dann aber sagen, dass sie lieber einen Termin mit einem bestimmten Mitarbeiter hätten, weil sie ihn kennen und er vielleicht schon einmal einen Todesfall in ihrer Familie oder im Freundeskreis begleitet hat. Insofern spielt der persönliche Bezug an dieser Stelle eine große Rolle.

Unser Beraterteam setzt sich aus völlig unterschiedlichen Persönlichkeiten zusammen. Da ist eine Person emotionaler, eine andere sachlicher und wiederum eine andere stärker strukturiert. Es sind die unterschiedlichsten Menschen, und genauso möchte ich das in meinem Haus auch haben. Jeder, der zu uns kommt, soll den für ihn passenden Berater finden können. Ich kann nur jedem empfehlen, der nach einem Todesfall einen Bestattungsunternehmer sucht, sich ruhig zwei oder auch drei verschiedene anzusehen, wenn es bei dem ersten nicht sofort passt und man sich unwohl fühlt – genau so machen wir das ja auch, wenn wir beispielsweise einen neuen Arzt suchen!

Nur auf die Kosten zu schielen, halte ich dabei für wenig sinnvoll. Das eine Institut ist vielleicht an der einen Stelle hundert Euro teurer, das andere dafür an der anderen Stelle hundert Euro billiger. Am Ende des Tages kommt meist das gleiche Ergebnis raus. Die zentrale Frage sollte sein: Wo fühle ich mich wohl? Im Grunde ist das eine sehr einfache Geschichte. Wenn man in den Urlaub fährt, entscheidet man sich für einen Campingplatz oder man bucht ein Hotel, das ein bisschen mehr Wohlfühlatmosphäre bietet. Genauso ist es im Prinzip beim Bestattungsinstitut. Wenn man sich wohl fühlt, eine vernünftige Ansprache bekommt und die eigenen individuellen Wünsche so umgesetzt werden, wie man es sich erhofft und wünscht, dann ist das am Ende entscheidender als die Frage, ob das nun hundert Euro mehr oder weniger kostet.

Unser Alltag im Bestattungsinstitut besteht neben den Beratungsgesprächen auch daraus, dass wir die Menschen an ihrem Sterbeort abholen – zu Hause, im Krankenhaus, im Altenheim, von wo auch immer – und dann zu uns ins Unternehmen überführen. Hier werden die Verstorbenen gewaschen und angezogen, eventuell für eine Abschiednahme am offenen Sarg vorbereitet – je nach Absprache mit den

Angehörigen. Parallel laufen all die anderen Dinge, die ein Bestatter mit den Angehörigen abgestimmt und zu organisieren hat. Zeitungsanzeigen werden entworfen, Drucksachen in Auftrag gegeben, Blumen bestellt, Restaurants für den Leichenschmaus reserviert, Taxifahrten organisiert etc. Eventuell müssen mit den Geistlichen Absprachen getroffen werden, und die Angehörigen müssen über die folgenden Tage terminlich organisiert werden. Dazu gehören Fragen wie: Wann sollten die Blumen ausgesucht werden? Wann muss man sich auf dem Friedhof einfinden, um das Grab auszusuchen? Und viele mehr. Dies sind alles Punkte, die wir steuern und an denen wir aktiv beteiligt sind, sozusagen der rein organisatorische Teil, der größtenteils am Schreibtisch stattfindet, aber nicht weniger spannend ist. Wir koordinieren all diese Komponenten und fügen sie zu einem großen Ganzen zusammen, so dass sie später alle gemeinsam an einem Ort zur gleichen Zeit stattfinden können. Wir steuern und beaufsichtigen den gesamten Ablauf einer Beerdigung, was ein äußerst verantwortungsvolles und exaktes Handeln voraussetzt. In manchen Fällen begleiten wir eine Beerdigung bis zum endgültigen Verschließen des Grabes, um die Wünsche der hinterbliebenen Familien optimal zu erfüllen und alle besprochenen Elemente auch wirklich umzusetzen. Nach einer gewissen Zeit gibt es bei uns auch immer noch eine Nachbesprechung, in der wir mit unseren Kunden reden, uns austauschen und oftmals auch die eventuell gewünschten Danksagungskarten besprechen. Diese Form der aktiven Nachsorge ist für uns noch einmal ein sehr wichtiger Punkt, um die Hinterbliebenen auch nach der Beisetzung ein Stück weiter begleiten und unterstützen zu können.

Doch nicht immer läuft alles nach Plan. Vor allem die Trauerfeier birgt unzählige Möglichkeiten, in Fettnäpfchen zu treten. Ein Klassiker ist sicherlich das nicht ausgestellte Mobiltelefon in der vollbesetzten Trauerhalle. Ich habe das leider schon viele Male erlebt: Der Geistliche beginnt gerade seine persönliche Ansprache auf den Verstorbenen. Plötzlich klingelt ein Handy. Jeder guckt betreten zu der Person, bei der es in der Hosentasche oder Handtasche klingelt. Wir stehen dann oft schon an der Tür, um diese aufzuhalten, damit die angerufene Person schnell herauseilen kann. Doch diese nimmt seelenruhig den Anruf entgegen und fängt an zu telefonieren: »Ich bin gerade auf einer Beerdigung und kann nicht sprechen. Ich ruf dich gleich zurück.« Es gibt einfach nichts, das es nicht gibt. Folgende Situation: Eine Trauerfeier, der Pfarrer fängt an zu sprechen. Plötzlich wird die Tür aufgerissen, eine aufgedonnerte Frau stürmt durch die Trauerhalle, schmeißt sich auf den Sarg, schreit, weint und lamentiert. Alle sind pikiert. Ehefrau und Kinder denken: »O Gott. Er hatte eine Geliebte!« In dem Moment dreht sich die Frau um, guckt auf die total irritierte Witwe und realisiert: »Ich bin zu früh!« – falsche Beerdigung. Die Dame ist dann mit hochrotem Kopf schnurstracks aus der Halle raus. Das ist wirklich passiert. Wir haben es erlebt!

In unserem Beruf ist nicht immer gleich viel zu tun. Natürlich gibt es zwischendurch auch mal einen Monat, in dem weniger Beerdigungen zu organisieren sind. In solchen Monaten muss man die Disziplin aufbringen, das ganze Equipment auf Vordermann zu bringen und die vermeintlich freie Zeit zu nutzen – auch Leichenwagen müssen mal in die Inspektion. Manches Mal bin ich geneigt, etwas freiere Monate damit zu füllen, neue Projekte anzufangen, aber das ist meist keine allzu gute Idee. Es ist wichtig, alles wieder so zurechtzumachen, dass es – wie bei der Feuerwehr – auch wieder einsatzbereit ist. Denn es kommen auch wieder Monate, die vergehen so schnell, weil die einzelnen Tage so angefüllt sind mit Arbeit, dass man manchmal gar nicht weiß, wie man sie bewältigen soll. Es gibt also keine Gesetzmäßigkeit, keine Statistik, auf die man sich in unserem Beruf verlassen könnte. Da gibt es mal Tage, an denen sind fünf Beerdigungen – und die sind dummerweise auch noch alle um elf Uhr! Schon steht man vor einer logistischen Herausforderung: Wie bekommt man jetzt fünf Beerdigungen, die eventuell sogar auf fünf verschiedenen Friedhöfen stattfinden, personell so besetzt, dass das funktioniert? Und dann gibt es wiederum Tage, an denen schaut man morgens auf den Plan und denkt sich: »Huch, was ist denn heute los?« Da findet nicht eine Beerdigung statt. Es gibt einfach kein System dahinter. Nicht einmal jahres-

Selbst im November gibt es nicht mehr Todesfälle als in anderen Monaten – leider, muss ich als Bestatter fast sagen, denn dann könnten wir uns zumindest darauf einstellen.

zeitlich gesehen existiert eine haltbare Regel. Manchmal hat man im Sommer so einen stillen Monat, manchmal im Winter.

Der November ist eher ein trauriger Monat. Das tägliche Sonnenlicht ist auf ein Minimum reduziert, draußen ist es kalt, und automatisch fröstelt es einen. Zudem existieren diese Totengedenktage, die unseren Fokus bewusst auf das Thema Sterben lenken. Und plötzlich liest man die

Todesanzeigen in der Zeitung intensiver, als man dies im Sommer bei Freibadwetter je tun würde. Was wir natürlich beobachten, ist die Tatsache, dass in der dunkleren Jahreszeit Suizide häufiger auftreten als im Sommer. Dafür haben wir aber im Sommer mehr Unfälle, die passieren, wenn die Leute in ihrer Freizeit Motorrad fahren, klettern gehen oder sonst irgendwelche Outdoor-Aktivitäten unternehmen.

Ich liebe die Anspannung, wenn viel zu tun ist, aber es muss auch immer genügend Zeit dafür da sein, dass ich mich dem Einzelnen widmen kann. Nichts ist schlimmer, als wenn ich merke, dass ich dem Ganzen nicht mehr richtig gerecht werde. An diesem Punkt wird es schwierig für mich. Deswegen ist auch ein Unternehmenswachstum begrenzt, zumindest in der Auffassung, wie ich unseren Beruf verstehe und unser Bestattungsinstitut führe. In unserem Unternehmen sind wir meiner Meinung nach derzeit an der Belastungsgrenze. In der Regel betreuen wir im Monat vielleicht rund fünfzig Sterbefälle. Das ist der Durchschnittswert, und es können auch mal siebzig oder dreißig Fälle sein. Dazwischen geht die Anzahl immer rauf und runter. Noch kann ich quasi mit jedem in Kontakt treten, wenn es erforderlich ist. Wäre die Anzahl der zu betreuenden Sterbefälle noch höher, würde es schwierig. Die Betreuung würde dann meiner Auffassung nach irgendwie industriell, maschinell und unpersönlich werden, was für mein Empfinden nicht Sinn der Sache ist.

Die Menschen, mit denen wir außerhalb unseres Unternehmens regelmäßig zusammenarbeiten, sind mir in all den Jahren sehr ans Herz gewachsen. Zum Beispiel das Personal auf den über fünfzig Kölner Friedhöfen, das Gräber bereitet und die Särge hinablässt. Die meisten sind total liebe

Menschen, die für diesen Beruf brennen und ihn auch gut machen. Oft sind sie älter oder haben ein Handicap, und man erlebt mit ihnen die unterschiedlichsten Geschichten. Es gab unter ihnen einen Mann, der immer, wenn er erzählte, mit seinem Gebiss Geräusche machte. Er schmatzte irgendwie. Bei einer Beerdigung stand er wie üblich am Grab, verneigte sich vor dem Sarg, hob ihn mit den Stricken hoch und fing an, ihn hinabzusenken. Genau in diesem Moment schmatzte dieser Mann wieder – und sein Gebiss fiel ins Grab. Jeder, der dort auf dem Friedhof steht, blickt auf diese Leute und was die da gerade tun. Also bekam jeder mit, was passierte, aber keiner wusste, wie er reagieren sollte. Soll man in so einer Situation nun lachen oder doch besser weinen? Muss man vielleicht sogar wütend sein? Die meisten schauen in ähnlichen Fällen betreten auf den Boden und tun so, als hätten sie das Ganze nicht bemerkt. Und genauso reagierten dann auch wirklich alle in diesem speziellen Moment. Als die Trauergäste später gegangen waren, sprang einer der Männer runter ins Grab und holte das Gebiss wieder heraus ...

In einem anderen Fall musste man mehr als ein Gebiss wieder aus dem Grab heben. Das war während einer Beerdigung auf dem Südfriedhof hier in Köln. Die Lage des Grabes war nicht unkompliziert, mit sehr sandigem Boden und wenig Halt. Für das Grab wurde eine massive Ausschalung gebaut, damit die Seiten nicht einbrachen. Im Verlauf der Bestattung stellte sich der Pfarrer vor das Grab, predigte und hantierte mit dem Kreuz: »Erde zu Erde, Asche zu Asche, Staub zu Staub.« Während er redete, wurde er immer kleiner und kleiner, denn wie bei einer Sanduhr war der Untergrund unter der Verschalung rausgerieselt, und durch sein Gewicht versank der Pfarrer dort Stück für Stück. Bis er realisiert hatte, was genau geschah, war er bereits bis zu seinen Knien versunken. Die Angehörigen mussten ihn dann links und rechts an seinen Armen packen und ihn aus seinem Loch heben.

TERMINE, TERMINE, TERMINE

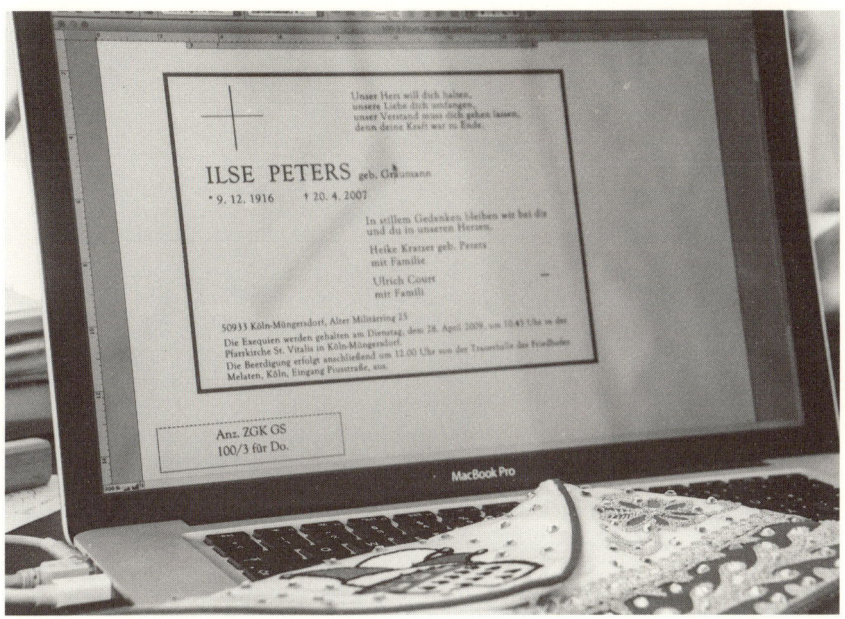

Ich kann mein Jobverständnis auf eine klare Formel bringen: 24/7/365. 24 Stunden am Tag, sieben Tage die Woche, 365 Tage im Jahr. Stirbt jemand im Krankenhaus und die Familie ruft mich nachts um drei Uhr an, kann ich zunächst gar nichts tun. Diese Menschen rufen aber trotzdem an, und ich halte es in meinem Beruf für selbstverständlich, für sie ein offenes Ohr zu haben und da zu sein. Eigentlich könnte man in solch einem Fall auch sagen: »Das hätten wir doch morgen klären können.« Aber für mein Verständnis geht das gar nicht! Man muss verstehen, dass derjenige, der nachts zum Telefon greift und einen Bestatter anruft, nicht rational handelt. Absolut nicht rational, sondern emotional. Wenn der Tod plötzlich eine Lebenssituation radikal und unwiederbringlich verändert, ist das schockierend und traumatisierend. Ein Mensch, der eine andere Person sein Leben lang begleitet hat, existiert plötzlich nicht mehr. Ein festes zwischenmenschliches Gefüge stürzt innerhalb eines Moments zusammen. Für die betroffenen Personen bleibt die Welt plötzlich stehen. Zeit und Raum spielen kaum mehr eine Rolle. Ich glaube mittlerweile, dass man es selbst erlebt haben muss, um diese Situation verstehen zu können. Oftmals kommen diese Leute am nächsten Tag zu uns ins Beerdigungsinstitut und entschuldigen sich für den Anruf inmitten der Nacht. Ich versuche, ihnen den Druck zu nehmen, und entgegne dann: »Dadurch wusste ich ja gleich

Bescheid und konnte meinen heutigen Tag schon einmal darauf ausrichten, dass wir uns treffen. Das war genau richtig, was Sie getan haben.«

Das macht es für mich unterm Strich aus: die persönliche Ansprache zu jeder Zeit. Wenn man an dieser Stelle plötzlich ein Callcenter dran hätte, würde das nicht mehr funktionieren. Das geht eben nur, wenn die Person am anderen Ende der Leitung ist, die man am nächsten Tag treffen kann. Hierdurch wird sofort eine persönliche Beziehung möglich gemacht. Große Systeme können das an dieser Stelle nicht leisten. Wenn, dann ist das schlichtweg Business und ausschließlich kommerziell ausgerichtet. Es ist heute durchaus möglich, eine Bestattung im Internet zu bestellen. Dann wird abgeholt, entsorgt, im Anschluss eine Rechnung gestellt, und das war's. Das entspricht aber überhaupt nicht meiner persönlichen Philosophie.

Ich stehe quasi rund um die Uhr meinen Kunden zur Verfügung. Ich schreibe »quasi«, weil einen gewissen Teil meiner Zeit seit gut vierzehn Jahren ein arbeitsintensives Ehrenamt in Beschlag nimmt. Mehr oder weniger mein ganzes Leben lang bin ich nun schon in der Organisation des Kölner Karnevals tätig. Zuerst als Kind in einer Tanzgruppe, dann im Hintergrund beim Rosenmontagszug und schließlich in den Jahren von 2005 bis 2017 als Leiter des Kölner Rosenmontagszugs und Vizepräsident des Festkomitees Kölner Karneval. 2017 wurde ich schließlich Präsident, was ein sehr anspruchsvolles und umfangreiches Ehrenamt ist. Infolgedessen gleicht mein Terminkalender einem Tetris-Spiel. Meine beiden Tätigkeitsfelder werden von zwei wunderbaren Mitarbeiterinnen gemanagt und in Einklang gebracht. Beide haben – gemeinsam mit meiner

Ehefrau und meinem Sohn – uneingeschränkten Zugriff auf meinen Kalender und verwalten eigenständig meine Termine. Diesbezüglich bin ich absolut fremdbestimmt.

Die besondere Herausforderung ist dann noch, regelmäßig mit den unvorhergesehenen Terminverschiebungen klarzukommen. Früher war ein beliebter Spruch von mir: »Als Bestatter weiß man nicht einmal, ob man abends wirklich im eigenen Zuhause schläft.« Es gab Tage, an denen fuhr ich morgens in die Firma, wo mir meine Mutter schon mit den Worten entgegenkam: »Wir haben einen Sterbefall. Da ist ein Ehepaar in Italien verunglückt, und wir müssen morgen früh in Verona sein, um das Paar zu überführen.« Gut, Verona ist jetzt nicht allzu weit, aber es ist immerhin in Italien. Ich bin dann also wieder nach Hause, habe meine Tasche gepackt, bin ab ins Auto und losgefahren. Am selben Abend befand ich mich dann schon in Norditalien. Einerseits ist das natürlich gerade in jüngeren Jahren total cool, und es fühlt sich irgendwie ein bisschen nach Feuerwehreinsatz an. Andererseits wirft so ein Termin alles durcheinander.

Es muss nicht immer gleich eine Überführung sein, die in meinen Terminkalender hereinplatzt. Es kommt manchmal auch vor, dass ich morgens ins Büro komme und keine nennenswerten Termine habe. Auf solche Tage freue ich mich regelrecht. Ich nehme mir dann vor, mich hinzusetzen und ein bisschen Buchhaltung zu machen. Meist stelle ich mir das recht gemütlich vor: ein wenig Musik hören, ein Käffchen trinken und vielleicht sogar noch das Schaufenster neu dekorieren. Und plötzlich klingelt das Telefon, und es gibt den Sterbefall, der mich für die nächste Woche komplett aus allem raushaut. Wenn beispielsweise ein Bekannter anruft, weil seine Frau gestorben ist, oder ein berühmter Schauspieler verstirbt oder ein kirchlicher Würdenträger. Das sind die Sterbefälle, wo du sofort weißt, das ist jetzt ein Fall, der mehr braucht als ein »normaler« Sterbefall. Hier ist es jetzt nicht mit einer Beratung getan, deren vereinbarte Inhalte ab morgen abgearbeitet werden. Da steckt dann meist viel mehr dahinter. Seelsorgerische Komponenten und ganz andere Planungsabläufe spielen dabei eine Rolle. Stirbt beispielsweise ein Bischof oder ein Kardinal, dann ist die Bestattung für uns mit einem ungemein höheren Aufwand verbunden. Und schon ist der Terminkalender für die ganze nächste Woche über den Haufen geworfen. In der Regel kann ich dann alles andere absagen, weil gar nichts mehr so geht, wie es geplant war. Die erste halbe Stunde brauche ich in solch einer Situation, um mich zu organisieren: Was war in der nächsten Woche überhaupt geplant? Wo kollidiert jetzt aufgrund der veränderten Umstände etwas? Anschließend wird alles um den neuen Sterbefall herum geplant, weil dieser nun die absolute Priorität hat.

Das ist für mein gesamtes Umfeld, insbesondere für meine Familie, nicht ganz einfach. Oftmals müssen sie zurückstecken und Rücksicht auf meine Termine nehmen. Ich bemühe mich zwar, dass das nicht passiert, aber es ist auch schon vorgekommen, dass ich unsere gemeinsame Urlaubsreise in Frage stellen musste. Gott sei Dank habe ich mittlerweile ein so gutes Team um mich herum, zu dem noch immer meine Mutter und inzwischen auch mein Sohn Marcel zählen, dass ich besten Gewissens Wochenenden und Urlaubszeiten von Arbeit freihalten kann. Vor nicht allzu langer Zeit hatten wir gerade so einen Sterbefall mit extrem hohem Arbeitsaufwand, den meine Mitarbeiter während meines Urlaubs komplett alleine abgewickelt haben. Über so gute Leute in meinem Bestattungshaus bin ich sehr froh, dankbar und auch ein wenig stolz.

In meinem Beruf lässt es sich kaum vermeiden, dass man zu einem Perfektionisten mutiert. Man erlebt so viele Situationen, in denen etwas passiert, das eigentlich nach gesundem Menschenverstand nie vorkommt. Daher fängt

Bestatter müssen Improvisationstalente sein, und ich habe immer einen Plan B in der Tasche.

man mehr und mehr damit an, die Dinge zu kontrollieren, zu überprüfen und das scheinbar Unmögliche zu erwarten. Wenn zum Beispiel ein katholischer Pfarrer zu einer von uns organisierten Beerdigung erscheint, dann nehme ich immer einmal das Aspergill, den Weihwassersprenger, heraus und kontrolliere, ob auch alles festsitzt. Ich habe nämlich wirklich erlebt, dass der Pfarrer zu segnen beginnt und sich genau in diesem Moment die Kugel des Aspergills löst, mit einem lauten Knall auf den Sarg fällt, über diesen entlangrollt und hinter ihm im ausgehobenen Grab verschwindet – plopp und weg. Wieder so eine Situation, in der sich alle anschauen und denken: »Nur nicht lachen; bloß jetzt nicht lachen!« Aber wer guckt schon nach, ob die Kugel des Aspergills festsitzt? Und es gibt noch viel mehr Dinge, die trotz einer peniblen Planung schiefgehen können. Selbstverständlich bemühen wir uns immer, keine Fehler zuzulassen, weil die Menschen bei einer Bestattung emotional sowieso schon sehr angespannt sind. Oftmals fehlt nicht viel und die Situation eskaliert, denn Trauer ist nicht immer traurig, sie kann durchaus auch aggressiv sein. Deswegen können Fehler in den Abläufen rund um einen Sterbefall zu massiven unerwarteten Reaktionen führen. Es gibt unendlich viele Beispiele, wie eine Situation aufgrund von Kleinigkeiten urplötzlich eskalieren kann.

Während einer Trauerfeier nannte ein Pfarrer versehentlich mal einen falschen Namen. Er hatte an diesem Tag vielleicht drei oder vier Beerdigungen. So kam es, dass er sich den Namen nicht richtig gemerkt hatte oder vielleicht im Kopf auch schon bei der nächsten Trauerfeier war und den Verstorbenen beim falschen Namen nannte. Und das passierte nicht nur einmal, sondern gleich zwei Mal. Da stand die Ehefrau auf und fuhr den verdutzten Pfarrer an: »Sie haben jetzt schon zwei Mal Hans gesagt, aber mein Mann heißt nicht Hans, der heißt Fritz.« In solchen Situationen ist emotional keine Reserve mehr für charmanten oder nachsichtigen Umgang miteinander vorhanden. Dies ist einer der Gründe dafür, weshalb wir Bestatter darauf konditioniert sind, mit penibler Planung jegliche Fehlerquelle auszumerzen. Sollte die Musikanlage ausfallen, ist es immer gut, eine zweite im Auto zu haben. Wir haben für alles ein Backup, haben immer alles doppelt und dreifach dabei, um uns abzusichern. Kommt es dennoch bei einer Bestattung zu einem Fauxpas, wird für die Zukunft ein System geschaffen, das diese Situation nach Möglichkeit verhindern wird. Dafür gibt es dann jedoch irgendwann an einer anderen Stelle – an der man es niemals erwartet hätte – ein Problem. So kam es dazu, dass eines Morgens einer meiner Mitarbeiter zum Floristen fuhr, um Blumen für eine Trauerfeier abzuholen. Der Florist kam und übergab Blumen, die mein Mitarbeiter in seinen Wagen lud und mitnahm. Nur waren die gar nicht für uns! Der Florist hatte einen Bestatter gesehen und gar nicht weiter registriert, welcher Bestatter das nun genau ist. Wir haben diese Blumen eingeladen und sie auf einen ganz anderen Friedhof gefahren als den, auf den sie eigentlich gehörten. Da war auch kein Schildchen dran, nichts, das diesen Fehler hätte vermeiden können. Da war in diesem Fall auch nichts mehr dran zu machen. Die Zeit war zu knapp, um die Blumen noch einmal umzutauschen. Die Trauerfeier fand also mit den falschen Blumen statt – nicht gerade zur Freude der Hinterbliebenen.

Der schlimmste nur denkbare Fehler – eigentlich ist er so schlimm, dass ich ihn hier am liebsten gar nicht erwähnen möchte – ist die Verwechslung zweier Verstorbener. Darüber gibt es ja sogar ganze Filme. Wir unternehmen alles, damit das bei uns nicht passiert. Wir machen Schildchen und dokumentieren alles, um immer den richtigen Verstorbenen zur richtigen Bestattung zu fahren. Fakt ist aber, dass es uns außerhalb unseres Zuständigkeitsbereichs zwei Mal passiert ist. Einmal haben wir nach einem Flugzeugabsturz zwei Opfer abgeholt. Leider hatte die Polizei die Verunglückten falsch identifiziert und auch entsprechend beschriftet. Das war schlimm, aber nicht unser Fehler. Nach solch einem Unfall kann man oftmals die Verstorbenen auch nicht mehr unbedingt erkennen und zuordnen. Das soll natürlich keine Entschuldigung sein, aber zumindest eine Erklärung. Das andere Mal ist es im Krematorium passiert, also wiederum außerhalb unserer Handlungshoheit. Die Verwechslung ist erst drei oder vier Wochen später aufgedeckt worden. Da kam das Krematorium auf uns zu und fragte, wann sie denn die Papiere von der Verstorbenen XY bekämen. Daraufhin sagte ich: »Wieso? Die haben wir doch schon vor vier Wochen beigesetzt.« – »Nein, das kann nicht sein, der Sarg steht noch hier.« Im Anschluss an diesen Vorfall haben wir direkt das Krematorium gewechselt. Hier war das Vertrauen in die Prozesse zerstört und damit Konsequenzen fällig.

Manchmal sind die großen Aufreger eigentlich eine ganz kleine Sache. Ich erinnere mich zum Beispiel an die Beerdigung einer bekannten Persönlichkeit, die wir ausgeführt haben. Bei einem so großen und umfangreichen Ereignis gibt es unendlich viele Dinge zu bedenken. Da wurden Einbahnstraßen umgelegt, Sichtschutze aufgestellt, die Kirche wurde in ein Fernsehstudio umgebaut, weil der WDR die Trauerfeier übertrug – dutzende Dinge waren zu bedenken und zu erledigen. An der Umsetzung der Trauerfeier waren damals wirklich Hunderte Menschen beteiligt, und alles hat reibungslos funktioniert.

Das Schließen des Grabes haben wir sogar mit mehreren Leuten abgesichert, damit die Presse nicht den Bagger am Grab fotografiert. Als die Beerdigung vorbei und das Grab verschlossen war, ging ich noch einmal zurück, stellte das Holzkreuz auf und verließ den Friedhof. Leider war mir ein kleines, aber nicht unwichtiges Detail nicht aufgefallen: Das Geburtsdatum auf dem Kreuz war falsch! Unglücklicherweise stimmte eine Zahl nicht. Das war für die Medien ein gefundenes Fressen, und die Meldungen am folgenden Wochenende waren voll davon. Das war nicht zu fassen. Da hatten wir zwei Wochen nahezu 24 Stunden am Tag organisiert und alles war gut abgelaufen, und dann passiert am Ende so ein kleiner Zahlenfehler – aus einer 1 wurde eine 7. Da denkt man nur: »Das darf doch nicht wahr sein!« Das Kreuz haben wir innerhalb einer halben Stunde ausgetauscht, aber die Fotos mit dem falschen Geburtsdatum gibt es leider heute noch.

Es ist kein Zufall, dass der meinem Beruf zugrundeliegende Perfektionismus häufig auch die Triebfeder ist, weshalb viele Bestatter in Vereinen an exponierter Position tätig sind. Sie organisieren einfach besonders gut, und man weiß genau, dass Bestatter es nicht aushalten, wenn etwas nicht so abläuft, wie man es geplant hat. Wenn bei einer Veranstaltung die Mikrophonanlage das dritte Mal knarzt, dann sagt der Bestatter in der Regel: »Komm, ich bringe das nächste Mal meine Anlage mit.« Oder wenn der dramaturgische Ablauf einer Veranstaltung nicht aufgeht, sagt er: »Du meine Güte, wenn dir das bei einer Beerdigung passieren würde ... Also, wenn du möchtest, übernehme ich für euch das nächste Mal die Organisation.« Und plötzlich ist man in einem Amt und übernimmt eine Verpflichtung.

Je stärker man eingespannt ist, je mehr Termine man in seinem Alltag zu bewältigen hat, umso wichtiger wird der persönliche Ausgleich, den man sich selbst schaffen muss. Mein Gegengewicht sind meine Familie und das Motorradfahren. Wenn ich am Wochenende auf mein Bike steige, dann fahre ich einfach los, ohne Ziel und ohne Plan. Ob ich irgendwann in Holland lande oder in Frankreich, oder ob ich einfach nur durch Deutschland fahre und vielleicht am Biggesee im Sauerland ein Eis esse und wieder zurückfahre, weiß ich vorher nicht. Meine Route richtet sich nach der Wetterkarte. Ich fahre dahin, wo keine Wolken sind, die Sonne und der blaue Himmel bestimmen meine Fahrten. Für mich bedeutet das, den Kopf freizumachen. Eine Zeitlang war Motorradfahren für mich das Vehikel, um aus allem auszusteigen, nur noch verantwortlich für mich selbst zu sein und um den Alltag zu vergessen und nicht mehr zu denken. Viele werden jetzt sagen, man denkt doch immer. Stimmt natürlich irgendwie, aber beim Motorradfahren denke ich ans Fahren, ans Reagieren, ans Wetter, aber eben

Mein Yoga ist Motorradfahren.

nicht mehr an die aktuelle Situation auf der Arbeit oder an die Familie. Inzwischen habe ich dieses Bedürfnis nicht mehr, mich für kurze Zeit auszublenden, doch die Lust, Motorrad zu fahren und mich durchpusten zu lassen, besteht nach wie vor. Danach komme ich gestärkt nach Hause, gehe mit neuer Motivation wieder ins Büro und habe meine Energiereserven neu aufgeladen.

Ich komme aus einer Generation, in der selbstbestimmte Mobilität noch extrem wichtig war. Für uns stand es früher außer Frage, direkt mit achtzehn Jahren einen Führerschein zu machen – im Gegensatz zu meinen Kindern heute. Ohne Führerschein ging damals gar nichts. Ich habe mir sogar schon mit sechzehn Jahren ein Moped zusammengespart. Damals fing gerade langsam die Helmpflicht beim Mofafahren an, was ich nicht besonders prickelnd fand. Auf so einer Kreidler Flory mit einem fetten Helm sitzen, sah meiner Meinung nach total blöd aus. Dann doch lieber gleich ein Leichtkraftrad. Somit fahre ich seit meinem 16. Lebensjahr motorisierte Zweiräder. Nicht immer ging alles gut. Einige schwere Unfälle habe ich bereits hinter mir, lag schon im Krankenhaus mit einem kaputten Bein und konnte mich anschließend zu Hause nur im Rollstuhl fortbewegen. Trotzdem bin ich bis heute dem Motorradfahren treu geblieben.

Eine lange Pause gab es, in der ich kein einziges Mal mit dem Motorrad gefahren bin – eine Pause von fast zehn Jahren. Das war, nachdem meine erste Frau bei einem Motorradunfall ums Leben gekommen war. Dieses Ereignis führte dazu, dass ich ein knappes Jahrzehnt nicht mehr mit meiner Maschine gefahren bin. Und zwar nicht, weil ich es nicht mehr wollte, sondern weil ich es meinen Kindern versprochen hatte. Sie wussten natürlich, wodurch ihre Mutter gestorben war, und hatten verständlicher Weise starke Verlustängste. Daher habe ich ihnen in der damaligen Situation ohne Umschweife versprochen, dass ich nicht mehr aufs Motorrad steigen würde. Vermutlich hätten sie das auch gar nicht zugelassen. Ich habe ihnen aber auch gesagt: »Wenn ihr groß genug seid, dann müsst ihr damit leben, dass ich wieder fahre.« Ich muss zugeben, dass ich unter meiner Abstinenz sehr gelitten habe. Jeden Sommer, wenn ich an einer Ampel neben einem Motorrad stand und selbst in meinem Auto saß, habe ich die Scheiben runtergefahren, um diesen Sound zu hören. Es ist ganz verrückt, aber dieses Gefühl ist einfach in einem drin. Als die Kinder erwachsen waren und die Erziehungsarbeit weitestgehend erledigt war, bin ich dann wieder auf mein Motorrad gestiegen. Ich denke, ab einem gewissen Alter sind Kinder in eigener Verantwortung unterwegs, da darf man dann auch als Elternteil wieder ein etwas risikoreicheres Hobby pflegen.

In meinem Leben gibt es ansonsten kein zielloses Handeln. Überall sonst bin ich strukturiert und habe Pläne, die ich abarbeite. Ich mache To-do-Listen, zudem ist mein Alltag vielfach auch fremdbestimmt. Und plötzlich tut sich so ein Raum auf, in dem ich frei bin. Das weiß auch meine Frau, dass mir das guttut. Wenn ich daher frage: »Du, kann ich heute fahren?«, dann lässt sie mich immer ziehen.

FRÜHER WAR MEHR PFERD

Wir leben in einem digitalen Zeitalter. Selbstverständlich ist diese Entwicklung auch an uns nicht spurlos vorbeigezogen, und so wird jeder Sterbe- und Bestattungsfall digital erfasst und organisiert. Es gibt Terminkalendertools, in denen die Arbeitszettel, Merkblätter und alle anderen Dinge, die früher nur auf Papier festgehalten wurden, aufgenommen werden. Und trotzdem führen wir auch heute noch Bücher mit den Daten von jedem einzelnen Sterbefall – und zwar solche, wie sie in der Buchhaltung vor 155 Jahren üblich waren. Das sind die gleichen Geschäftsbücher mit zig Registern, die so dick wie ein Roman sind, in denen alle Daten erfasst sind, die einen Auftrag betreffen. Jede Kleinigkeit, die für die jeweilige Beerdigung bestellt wurde, alle Sonderwünsche und wie die Abwicklung war – jedes Detail wird mit einem ausgeklügelten System an Kniffen, Kreuzchen, Häkchen und Notizen vermerkt, sodass derjenige, der sich damit auskennt, hieraus den kompletten Ablauf der Beerdigung ablesen kann. Eine sehr coole Sache, wie ich finde. Noch besser finde ich allerdings die Tatsache, dass diese Aufzeichnungen bei uns bereits in den 1860er Jahren angefangen wurden und noch heute nachzulesen sind. Ab dieser Zeit kann ich jeden Fall, den wir jemals bearbeitet haben, in jeder Einzelheit nachvollziehen. An dieser Tradition halten wir natürlich fest, weil das ein unschätzbares Archiv ist. Es kommen tatsächlich Leute, die nach ganz alten Sterbefällen fragen, die Jahrzehnte zurückliegen. Darunter zum Beispiel Ahnenforscher, die Informationen zu der Grabstelle einer bestimmten Person erfragen oder die genauen Umstände einer Beisetzung. Oder auch Familienmitglieder, wie wir erst vor kurzer Zeit zwei Fälle hatten. Die einen wollten etwas über die Todesumstände eines Angehörigen wissen, der bei einem Unfall mit einem Panzer im Jahr 1945 umgekommen war, und die anderen über den Bestattungsort und -zeitraum ihrer Urgroßeltern. Von diesen Fragen blieb noch nie eine unbeantwortet, da wir all diese Informationen in unserem Kellerarchiv nachschauen können – ein unbezahlbarer Schatz, der da unten bei uns schlummert und der auch heute noch ein unverzichtbares Arbeitsmittel ist.

Manchmal können wir die Akten auch in den Beratungsgesprächen nutzen, wenn beispielsweise eine Familie nicht das erste Mal von uns eine Bestattung organisieren lässt. Dann heißt es schon mal: »Sie haben vor zwanzig Jahren für Ihren Vater diesen Sarg ausgewählt und die Trauerfeier so ausgerichtet. Sollen wir das jetzt als Orientierungsrahmen auch für Ihre Mutter nehmen? Das hat ihr ja offensichtlich damals gefallen.« Die Angehörigen sind für solche Hilfestellungen oftmals sehr dankbar, auch weil das Wissen über die letzte Trauerfeier schnell verloren geht oder vor dem Tod nicht immer über die Wünsche der Menschen gesprochen wird.

Hinzu kommt, dass unser Archiv mit seinen unzähligen Fotos und Aufzeichnungen die historische Entwicklung deutscher Bestattungskultur nachzeichnet, was mich persönlich unheimlich fasziniert. Was vielen Menschen nicht bekannt ist, ist die Tatsache, dass der Beruf des Bestatters erst vor gut 150 Jahren entstand. Zuvor wurden Beerdigungen maßgeblich vom Pfarrer der Gemeinde organisiert. Der Termin, die Messe und das Drumherum wurden also von der Kirche bestimmt. Damals wurden die Toten stets in ihren Pfarrgemeinden auf kirchlichen Friedhöfen bestattet, und erst die Säkularisierung in der Franzosenzeit erlaubte im Rheinland die Einrichtung von konfessionsfreien Friedhöfen. Verstarb zuvor jemand, ging man immer als Erstes zum Pfarrer und besprach alles mit ihm. Erst nach dieser einschneidenden Veränderung nahm man die verschiedenen Dienste in Anspruch, die für eine Bestattung notwendig waren. Man ging zum Schreiner, bestellte einen Sarg, und dieser wurde daraufhin angefertigt. Aus dieser Zeit stammt auch der Ausdruck Leichenbittermiene. Man musste nämlich zu einem Leichenbitter – damit waren die Menschen gemeint, die von Tür zu Tür gingen und die Leute zu einer Beerdigung einluden und alle anderen wichtigen Informationen bezüglich des Sterbefalls gaben. Da zu dieser Zeit kaum jemand die Zeitung gelesen hat, musste ein anderer Weg gefunden werden, um der Nachbarschaft Bescheid zu geben, wenn jemand gestorben war. Heute geschieht das in der Tat oftmals über das Internet oder sogar per Whats-App. Der Leichenbitter erhielt seinen Namen, weil er zur Leiche bat – also zur Beerdigung. Und weil er das in aller Regel dem Ereignis entsprechend mit kummervoller Miene tat, entstand das Wort Leichenbittermiene. Im Anschluss daran bestellte man beim Gärtner noch die Blumen für die Trauerfeier, und alles war so weit vorbereitet.

Irgendwann zum Ende des 19. Jahrhunderts wurden all diese Dienstleistungen zu einem Berufsbild zusammengeführt. Mein Ur-Urgroßvater war diesbezüglich ein Vorreiter seiner Zunft. Sein Vater war Schreiner, der sich auf die Herstellung von Särgen spezialisiert hatte. Er entschied, dass sich daraus etwas machen ließe, und bündelte die unterschiedlichen Dienste in einer Hand. Er machte sich sogar damals bereits Gedanken über die Finanzierung von Bestattungen. Er war sich darüber bewusst, dass ein Todesfall unter Umständen ein größeres finanzielles Risiko für Familien darstellen konnte, wenn der Tod vollkommen unerwartet eintrat und niemand vorgesorgt und Geld auf die Seite gelegt hatte. Immerhin mussten Sarg, Überführung, Blumen, Grab und Leichenbitter bestellt und bezahlt werden, was für viele Familien große Ausgaben bedeutete. Eine Beisetzung kostete bereits damals viel Geld, was nicht leicht zu finanzieren war. Aus seinen Überlegungen heraus, dieses Risiko abzusichern, entstanden die noch heute feilgebotenen Sterbeversicherungen. Mein Ur-Urgroßvater war auch Mitbegründer der Versicherungsgruppe Deutscher Herold und saß dort lange im Aufsichtsrat, in dem er sich insbesondere für Sterbeversicherungen stark machte.

In früheren Zeiten war das Maß aller Dinge bei einem Auftrag der verkaufte Sarg. Der Erfolg eines Auftrags machte sich für den Bestatter, und da kann ich, glaube ich, für die ganze Branche sprechen, in erster Linie am Sarg fest. Er war das zentrale Element, auch in der Kalkulation. Der Sarg war stets hochpreisig kalkuliert und die Dienstleistungen, die man ebenfalls noch rund um eine Beerdigung erbrachte, in diesen Preis hineingerechnet. Man sagte sich damals, dass man nicht alles einzeln berechnen könne, weshalb man die Kosten lieber auf den Sarg aufschlug. Dabei war die Sache mit den Särgen manchmal auch ein bisschen skurril. In unserem Unternehmen bekamen manche Sargmodelle intern den Namen von Kölner Stadtteilen, weil innerhalb dieser

Viertel immer wieder genau derselbe Sarg verkauft wurde. Vielleicht lag das daran, dass ein Nachbar dieses Modell gekauft hatte, weshalb der nächste Nachbar meinte, er könne auf gar keinen Fall eine billigere Variante nehmen. Und so ging es immer weiter. Eventuell lag es aber auch daran, dass die Leute einfach alle zum gleichen Berater gingen, der am

Früher drehte sich alles um den Sarg. Heute ist für mich die zentrale Frage: Was ist für die Trauernden das Wichtigste?

liebsten dieses eine Modell verkaufte. Man kann es nicht genau erklären, aber es war irgendwie verrückt.

Heute hat sich das allerdings komplett gewandelt. Der Sarg ist natürlich immer noch ein wichtiges Objekt, weil er das letzte Behältnis ist, in dem der Verstorbene am Ende liegt, und das hat für viele Menschen eine besondere Bedeutung. Hier wird etwa der kostbare Körper der Eltern, aus dem man ja schließlich selbst hervorgegangen ist, oder die geliebte Ehefrau oder das Kind in einen schützenden Sarkophag gelegt. Mit der Zunahme von Einäscherungen spielt der Sarg für viele Menschen aber mehr und mehr eine untergeordnete bis gar keine Rolle mehr. Inzwischen setzen sich Bestattungen aus so vielen Elementen zusammen, dass der Sarg selbst bei Erdbestattungen immer mehr an Bedeutung verliert. Insofern hat sich da etwas grundlegend verändert. Menschen setzen auf bestimmte Bereiche eine absolute Priorität, und andere Dinge sind ihnen überhaupt nicht mehr wichtig. Für uns Bestatter ist nicht festzumachen, welche Bereiche diese Wichtigkeit haben. Das ist bei jedem völlig anders. Bei dem einen ist es immer noch der Sarg. In diesen Fällen muss es ein hochwertiger Sarg aus edlem Holz sein, der opulent verziert ist, weil darin die geliebte Ehefrau bestattet wird, die ihrem Mann viel wert war. Sie bekommt auch ein Abendkleid angezogen oder vielleicht sogar das noch vorhandene Hochzeitskleid und wird darin bestattet. Für den Nächsten ist vielleicht wichtig, dass der Sarg individuell bemalt wird. Da muss es kein edles Holz sein, aber alle Trauergäste sollen sich daran beteiligen. Manchmal kommt sogar die Fanbettwäsche vom 1. FC Köln (oder anderen Vereinen) mit hinein, oder dem Verstorbenen wird eine Uniform des Karnevalsvereins angezogen. Nichts ist unmöglich, und immer häufiger ist Individualität gefragt.

Wenn beispielsweise die Ehefrau Blumen liebte, wird ein Sarg gewünscht, der über und über mit Blumen geschmückt ist. Hier steht also die Blume im Zentrum der Aufmerksamkeit, und alles andere tritt zurück. Der Nächste möchte eine große Zeitungsanzeige, weil jeder vom Verlust erfahren soll. In solchen Fällen ist die Zeitungsanzeige dann über eine halbe Seite groß, wo sich mancher fragt: »Muss eine Traueranzeige so groß sein?« Wiederum einem anderen ist das Zusammenkommen nach der Beerdigung, das im Rheinland sogenannte Reueessen, besonders wichtig. In diesem Fall herrscht der Wunsch nach einem gemeinsamen Essen mit allen Familienangehörigen und Freunden im Lieblingslokal vor. Dort wird dann ein Foto der verstorbenen Person aufgestellt, und alle haben eine schöne Feier zu Ehren des Verstorbenen. Plötzlich ist das Essen im Fokus und der ganze Rest nicht mehr. Dieser »Leichenschmaus« ist im Übrigen in der Trauerarbeit ein extrem wichtiges Element. Es werden Gemeinsamkeiten geschaffen und Erinnerungen gepflegt, was dabei helfen kann, den Verlust besser zu verarbeiten. Das wird auch dadurch belegt, dass es noch viele weitere unglaubliche Begriffe für diese in ganz Deutschland übliche Feier gibt: Beerdigungskaffee, Leidmahl, Raue, Traueressen, Leichenmahl, Trauer- oder Tränenbrot, Tröster- oder Leichentrunk, Rüezech, Leichenimbiss, Kremess, Zehrung und vieles mehr.

Jeder Bereich, den wir im Beratungsgespräch ansprechen, kann so ganz individuell eine Wichtigkeit bekommen. Es ist ebenso wichtig wie schwer für uns, die jeweilige Priorität unserer Kunden zu erkennen. Da begegnet man Menschen, die bei den Trauerdrucksachen penibel Wert darauf legen, ob es diese oder doch lieber die andere Schriftart sein soll, ob die Schriftgröße einen Punkt größer oder kleiner gehört. Die Menschen verlieren sich manchmal geradezu in solch einem Detail. Der Rest ist ihnen dann völlig unwichtig. Mir ist sogar mal eine Familie begegnet, die die Abschiednahme am offenen Sarg über diesen Punkt hinweg vergessen hatte. »Ach, die Abschiednahme haben wir gar nicht vorbereitet, wir mussten ja noch die Umschläge beschriften.« Da frage ich mich im Stillen, was ist denn jetzt eigentlich wichtiger? Sich von der Mutter zu verabschieden oder die Umschläge zu beschriften? Aber das ist rational nicht zu erklären, es ist in dieser Situation fast wie eine Zwangshandlung. Die Trauernden haben genau einen Punkt, den sie für sich als Priorität definieren und an dem sie sich festhalten. Alles andere verschwindet dahinter und gerät in Vergessenheit. Das hat immer einen Hintergrund und damit auch seine Berechtigung. Man muss das als Außenstehender so nehmen, wie es ist, und Verständnis zeigen.

Immer mehr Menschen machen sich schon im Vorfeld

Gedanken über ihren eigenen Tod und kommen bereits mit eigenen Ideen und Vorstellungen zu uns. Zu dieser Entwicklung haben in den letzten Jahren sicherlich das Internet und die Medien mit ihrer aufklärenden Arbeit beigetragen.

Der größte Erfolg ist für mich, wenn ich die Wünsche und Bedürfnisse der Familien, die zu uns kommen, zu ihrer Zufriedenheit erfüllen kann.

Rund um das Thema Bestattung gibt es heute einen ganz anderen Informationsgrad als noch vor wenigen Jahren. Ob das qualitativ immer gute Informationen sind, würde ich mal dahingestellt lassen, aber grundsätzlich gibt es die Möglichkeit, sich viele Vorinformationen zu beschaffen.

Schwierig kann es werden, wenn die Angehörigen die Verstorbenen am liebsten einfach und schnell entsorgen wollen. Wenn jemand verbrannt oder im Meer bestattet werden soll, steht diese Beerdigungsform im Grunde unserem traditionellen Verständnis von Abschied und guter Trauerarbeit entgegen. Unterm Strich wird seit einiger Zeit der Anteil der Familien immer größer, die sagen:»Ich möchte mit dem Toten nichts zu tun haben. Ich möchte mich um die Beerdigung nicht kümmern.« Es gibt aber auch immer mehr Menschen, die für sich selbst entscheiden: »Ich möchte anonym bestattet werden. Es soll auch keine Trauerfeier geben, die Leute sind sowieso schon so traurig, und ich möchte keine Arbeit machen.« Ich muss hier nicht erwähnen, was ich im Hinblick auf Trauerbewältigung davon halte, den Tod so zu verdrängen.

Wenn ein Mann zu mir kommt und seine Frau mit der Begründung einäschern lassen will, dass sie zu Lebzeiten immer gefroren hat und die Wärme so liebte, dann sage ich ihm durchaus, dass an einer Hitze von mehr als 700 Grad Celsius wenig Wohliges ist. Der Akt der Verbrennung hat nichts damit zu tun, einem geliebten Menschen die gewünschte Wärme zu geben. Beim näheren Überlegen ist eigentlich die Verbrennung eines menschlichen Körpers ein gewaltsamer Akt, bei dem zusätzlich auch noch viel Energie benötigt wird und große Emissionen entstehen. Aber vielleicht mache ich mir da mehr Gedanken als andere.

Was sich ebenfalls verändert hat und früher in Bezug auf die Bestattung noch eine große Rolle spielte, ist die strikte Aufteilung in gesellschaftliche Klassen. Früher bewegte man sich zeitlebens in seiner eigenen Schicht, und selbst nachdem man gestorben war, wurde man dementsprechend beerdigt. In unserem Archiv haben wir noch Beerdigungen erster, zweiter und dritter Klasse vermerkt, weil diese Eingruppierungen früher so üblich waren. In der ersten Klasse waren das in der Regel die teureren Särge und die höherwertige Dekoration, und so hat sich das jeweils nach den finanziellen Möglichkeiten weiter runtergebrochen. Fast zu vergleichen mit Bahn- oder Schiffsreisen zu dieser Zeit, für die man Tickets für die erste, zweite oder dritte Klasse kaufen konnte. Hier auf der Holzbank, da luxuriös gepolstert in schönem Ambiente. Davon haben sich die Beerdigungen abgeleitet.

Heute ist das dagegen ganz individuell, weil sich die Menschen nicht mehr eindeutig einer Schicht zugehörig fühlen. Jemand, der weniger Geld zur Verfügung hat, kann trotzdem einen Sportwagen fahren, weil er vielleicht nicht in Urlaub fährt oder wenig für Lebensmittel ausgibt und sich so diesen Traum vom Munde abspart. Das nennt man neigungsgesteuertes Kaufverhalten im Gegensatz zu dem früher bekannten standesgemäßen Kaufverhalten. In vielen Branchen ist dieses veränderte Kaufverhalten schon sehr lange angekommen. Da wird beispielsweise der Fisch im Feinkostladen gekauft und die Nudeln, die als Beilage auf dem gleichen Teller landen, sind vom Discounter. Der Fisch war es wert, die Nudeln eher nicht so. Bei uns Bestattern kommen solche Trends immer zeitversetzt an. Meist circa zehn bis zwanzig Jahre später. Das liegt daran, dass die Menschen, die wir bestatten, in der Regel älter sind und die Auftraggeber ebenfalls schon ein gewisses Lebensalter erreicht haben. Also wenn wir die neunzigjährige Mutter bestatten, ist unser Auftraggeber oftmals selbst schon über sechzig. Das Ende der »standesgemäßen« Beerdigung ist mittlerweile generationenbedingt bei uns angekommen.

Ich gebe den Menschen die Würde zurück, die sie im Sterben oft verloren haben.

Viele weitere Dinge haben sich im Laufe der Zeit verändert. Wenn man früher einen Sarg öffnete und es unangenehm roch, nahm man den Flakon und versprühte Parfum, um den Gestank zu überdecken. Schon im Mittelalter versuchte man mit Parfum, den unterschiedlichsten Krankheiten vorzubeugen. Heute weiß man dagegen, was wirklich zu tun ist, um die unangenehmen Begleiterscheinungen und Veränderungen, die Sterben und Tod mit sich bringen, effektiv zu reduzieren, sodass ein angemessener Abschied möglich wird. Man hat ein ganz anderes Verständnis von den Zusammenhängen, und die Forschung geht immer weiter. Wenn ein Mensch stirbt, dann passiert das nicht von einer Sekunde zur nächsten. Das ist nicht dieser eine Moment, in dem jede einzelne menschliche Zelle gleichzeitig aufhört zu arbeiten. Sterben ist ein Prozess, der irgendwann einsetzt und ein bisschen später aufhört. Die meisten Menschen machen den Tod am aussetzenden Herzschlag, an der gestoppten Hirntätigkeit und dem Aussetzen der Lungenfunktion fest. Das sind unsere Indikatoren, um den Tod endgültig festzustellen. Aber genauso wie das Sterben bereits vorher beginnt, so laufen bestimmte Prozesse nach dem Tod weiterhin im Körper ab. Wir tragen unzählige Keime und Bakterien in uns, die wir für die Verwertung und Verdauung unserer Nahrung benötigen. Während der Mensch noch am Leben ist, sind diese Keime im Körper verkapselt, sozusagen geschützt durch unsere Schleimhäute. Nach dem Tod stellen diese Schutzwälle ihre Funktion nach und nach ein, und damit ist es so einfach erklärt, dass der Körper anfängt, sich selbst zu verdauen. Das riecht nicht gut, und das sieht auch irgendwann nicht mehr schön aus. An diesem Punkt kommt der Bestatter ins Spiel. Er versucht, diese unangenehmen Begleiterscheinungen so weit zurückzunehmen, dass für die Familien ein persönlicher Abschied möglich ist, soweit dieser gewünscht wird.

Früher wurden die Verstorbenen aufwendig zu Hause aufgebahrt, damit sich die Familie und die Nachbarschaft dort von ihnen verabschieden konnte. Im Anschluss – manchmal erst nach einigen Tagen – wurde der Sarg mit dem Verstorbenen von dort mit Pferdefuhrwerken abgeholt und im Leichenzug zum Friedhof geleitet und beigesetzt. Nach dem Zweiten Weltkrieg verschwanden die Toten jedoch zunehmend aus der öffentlichen Wahrnehmung. Vielleicht weil die Menschen in den langen Kriegsjahren genug

Leid und Tod gesehen hatten. Plötzlich prägte der geschlossene Sarg in der Leichenhalle das Bild von Beerdigungen. Heutzutage kommt es nicht selten vor, dass manch Erwachsener noch nie in seinem Leben einen toten Menschen gesehen hat. Ich merke, dass viele Leute erst einmal stutzen, wenn plötzlich der Verkehr angehalten wird, weil ein Leichenwagen den Weg kreuzt und dahinter der Trauerzug vorbeizieht. In Köln ist es je nach Lage der Leichenhalle und dem Friedhof nicht anders möglich, als mit dem Sarg und den Angehörigen über die Straße zum Friedhof zu gehen. In diesen Fällen müssen wir den normalen Verkehrsfluss unterbrechen, um von der Trauerfeier zum Grab zu gelangen. Die Menschen reagieren mit viel Unsicherheit und wissen oft nicht, wie sie sich verhalten sollen. Die Autofahrer fragen sich, ob sie an dem Trauerzug vorbeifahren dürfen oder ob sie anhalten und den Motor ausmachen müssen. Manche Passanten sind sogar verunsichert, ob sie sich bekreuzigen sollen. Diese Unsicherheit beweist, dass wir uns viel zu wenig mit diesen Dingen befassen, dass wir den Tod und alles, was damit zusammenhängt, viel zu sehr aus unserem Leben ausblenden. In Italien weiß beispielsweise jeder, wie er sich zu verhalten hat, wenn er einem Trauerzug begegnet. Da wird das Auto angehalten, die Insassen bekreuzigen sich drei Mal und warten, bis der Zug weit genug entfernt ist, um wieder loszufahren. In Deutschland kann es sogar passieren, dass ein ungeduldiger Autofahrer anfängt zu hupen. Uns ist nach dem Krieg die direkte Begegnung mit dem Tod abhandengekommen, insbesondere in den Großstädten. Immer mehr Verdrängung und Anonymität machen sich breit. Für eine lange Zeit war es üblich und fast schon Mode, möglichst keine Gefühle und auch kein Leid mehr zu zeigen. Die Folgen spüren wir bis heute. Erst langsam kehrt sich dieser Trend wieder um. Allerdings ist das ein langer und mühevoller Lernprozess, weil die Generationen, die mit diesem würdevollen Umgang vertraut waren und von denen wir hätten lernen können, mittlerweile verstorben sind.

Zum katholischen Bestattungsritus gehören eine Messe, die von einem Pfarrer gehalten wird, die Trauerfeier auf dem Friedhof und die anschließende Beerdigung. Letztendlich ist es eine alte Tradition, aber neuerdings wird die Messe bei uns in Köln wieder häufiger mit dem Sarg in der

Ich beobachte immer wieder, dass uns die Beziehung zum Tod abhandengekommen ist, deshalb reagieren wir unsicher und irritiert, wenn er uns im Alltag begegnet.

Kirche gestaltet, und die Trauerfeier, die eigentlich auf dem Friedhof stattfindet, wird in die Messe inkludiert. Das heißt die Aussegnung, die sonst auf dem Friedhof stattfindet, erfolgt im Grunde genommen nach dem Schlusssegen. Danach wird der Sarg zum Friedhof gebracht, man trifft sich nur noch am Eingang und setzt den Verstorbenen nach einer Prozession, die zur Grabstelle führt, bei. Mir gefällt diese Vorgehensweise. Mit der Taufe wird man in die Kirche aufgenommen, und im gleichen Raum wird man von der Kirche auch wieder verabschiedet. Das ist für mich ein wirklich schöner Rahmen, um seine Existenz auf der Erde zu beschließen. Der Gottesdienst findet auch in einer ganz anderen Atmosphäre statt, wenn der Verstorbene dabei ist. Die Messe bekommt schlagartig eine ganz andere Tiefe, in meinen Augen erhält sie sogar mehr Sinn. Plötzlich lässt sich der Gottesdienst ganz anders gestalten, mit Musik, mit Gesang und mit Reden. Beispielsweise wenn die Kinder eine Ansprache für ihren Vater halten und einige persönliche Worte sprechen, dann ist das in der Kirche, neben dem Sarg des Vaters, eine ganz andere Sache als auf dem Friedhof. Und wenn es keine Rede sein soll, dann kann ich manchmal die Angehörigen dazu ermuntern, eine Fürbitte zu halten, durch die sie auf einem niedrigen Level an der Messe mitwirken. Man kann damit den gesamten Abschied emotional stärker aufladen und ihn dadurch würdevoller machen. Das Aufbahren des Sarges in der Kirche ist momentan definitiv ein Trend, sowohl bei evangelischen wie auch katholischen Beerdigungen. Ich persönlich finde das großartig, weil die Toten somit noch einmal in den Kreis der Lebenden zurückgeholt werden. Die Kirche steht ja in der Regel nicht auf irgendeinem Friedhof in der Ecke eines Stadtteils, sondern die Kirche steht mitten im Zentrum, oft direkt am Marktplatz. Und dann steht plötzlich der Leichenwagen am Marktplatz, und der Tod ist wieder präsent.

Durch einen Todesfall brechen für viele Menschen kurzzeitig die Lebensperspektiven zusammen. An diesem Punkt stellen sich häufig ganz existentielle Fragen, die sich darum drehen, wie es weitergeht, wie die Zukunft aussieht, ob man die Kinder allein großgezogen bekommt oder das Haus noch halten kann. In dieser unsicheren Zeit, in der die Menschen überfordert und auf sich selbst zurückgeworfen sind, greifen sie gerne auf Dinge zurück, die ihnen in gewisser Weise den Halt im Leben zurückgeben. Dafür sind Riten perfekt geeignet, was einer der Gründe dafür ist, weshalb die Kirche und der Glaube in dieser Situation so stark nachgefragt werden. Selbst Menschen, die normalerweise eher kirchenfern oder gar konfessionslos leben, sind rund um einen Sterbefall der Kirche dann doch manchmal zugetan. Es gibt ihnen Kraft, zum Pfarrer zu gehen und mit ihm zu reden. Für viele hat in solch einer Situation das, was der Pfarrer sagt, Hand und Fuß. Bei der Liturgie handelt es sich oft um einfache und geübte Abläufe, die nach einer Art Choreographie ablaufen, die die Menschen abholen und sie in das Geschehen einbinden. Wir beobachten das häufig, und für uns ist es gut nachvollziehbar, weshalb wir uns auch bemühen, ebenfalls verschiedene Riten anzubieten. Zum Beispiel beziehen wir gerne alle Trauergäste mit ein, indem jeder eine Kerze zum Gedenken aufstellt. Oder die Familie hat am Lieblingsort des Verstorbenen am Rhein Kieselsteine gesammelt, und nach der Trauerfeier darf sich jeder so einen Kieselstein mitnehmen. Ein schönes Bild ist dabei, dass jeder einen anderen Stein erhält, weil auch jeder ein anderes Bild oder persönliche Erinnerungen von dem Verstorbenen hat. Auf solche Rituale kann man eine Trauerfeier wunderschön aufbauen. Es gibt noch viele andere Ideen, wie man kreativ mit dem nun zu Ende gegangenen Leben des Menschen umgehen kann. Daraus lassen sich Riten entwickeln, die bei der Trauerfeier plötzlich einen Sinn ergeben und den Menschen beim Umgang mit ihrer Trauer helfen. Fakt ist, dass nicht jeder Profi im Bestattungsbereich sein kann und nicht jeder laufend an Bestattungen teilnimmt. Daher sind viele Menschen unsicher. Aus dieser Unsicherheit heraus wird während vieler Beerdigungen genauestens darauf geschaut, wie sich die Familie verhält und deren Verhalten dann übernommen. Daraus ergeben sich manchmal sehr skurrile Situationen.

Auf einer Beerdigung hatten wir am Grab einmal eine Schale mit Erde für den Pastor und eine Schale mit Blütenblättern für die Trauernden vorbereitet. Der Pastor nahm drei Schaufeln Erde, die er ins Grab rieseln ließ, und weil er die Blumen da stehen sah, nahm er auch noch eine Handvoll Blumen. In der Folge nahm die gesamte Trauergemeinde jeweils drei Schaufeln Erde und eine Handvoll Blumen. Das sah von außen betrachtet sehr kurios aus. Denn jeder darf ja eigentlich das machen, was er möchte. Aber plötzlich guckt der eine vom anderen ab und denkt vielleicht noch, dass es ein bestimmter Ritus ist, erst drei Schaufeln Erde und dann eine Handvoll Blumen in das Grab zu geben. Noch ungewöhnlicher war der Fall einer jungen Witwe, die sich bei ihrer Verabschiedung am Grab hingekniet hatte. Vermutlich hätte sie am liebsten die Blumen direkt auf den Sarg gelegt, was aber nicht mehr möglich war, weil dieser schon ins Grab hinabgelassen und daher zu weit entfernt war. Also beugte sie sich ein bisschen zum Sarg hinunter. Hunderte von Leuten knieten sich anschließend wie sie vors Grab, um sich zu verabschieden. Auch dieses Beispiel zeigt die totale Unsicherheit der Menschen, und um diese zu überwinden, wird ganz schnell ein Ritus entworfen, den alle übernehmen und der sofort Halt zu geben scheint. Im Kopf heißt es dann: Alle machen das. Ich falle nicht aus dem Rahmen. Wir sind eine Gemeinschaft. Das ist einerseits verrückt, andererseits aber auch schön zu beobachten.

Manche Leute fallen übrigens auch aus dem Rahmen, was dann wiederum zu sehr witzigen Situationen führen kann. Bei der Beerdigung eines Obdachlosen kann es schon mal passieren, dass einer von seinen Wegbegleitern auf die Beerdigung kommt und eine Portion Pommes, eine

Frikadelle oder auch eine Flasche Bier ins Grab wirft. Das ist dann eine Art Grabbeigabe, die lieb gemeint ist, aber im ersten Moment etwas verstörend wirkt. Wenn man diese Situation allerdings häufiger erlebt hat, erkennt man auch, dass es sich dabei um eine ganz bestimmte Art der Ehrerweisung handelt, die man vielleicht nur versteht, wenn man selbst in dieser Lage gewesen ist und nicht immer etwas zu Essen hatte. Bei orthodoxen Beerdigungen kommt es wiederum manchmal dazu, dass Wein und Öl ins Grab gegeben werden. Normalerweise werden beide Substanzen in einer feierlichen Geste in das Grab gegossen. Wir haben in Köln jedoch einen orthodoxen Geistlichen, der macht die Flaschen leer und lässt sie anschließend fallen. Er schmeißt sie sozusagen immer hinterher. Eigentlich geht es bei diesem Ritual um den Wein und nicht um die Flasche, aber plötzlich, wenn die Flasche laut krachend auf den Sarg fällt, sind alle wach und denken: »Was ist denn jetzt passiert?«

Der zunehmende Wunsch nach einem individuellen Abschied, die fortschreitende Liberalisierung unserer Gesellschaft und auch die sich immer weiter entwickelnde Hospizbewegung führen zur Häufung von immer mehr solcher neuen Riten, die in unsere Trauerkultur Einzug halten und sie ständig verändern. Und auch wenn manche Riten auf den ersten Blick merkwürdig erscheinen, so sind sie doch immer nur der individuelle Ausdruck von Trauer und Abschiednahme.

Die Religionen unserer Welt bieten per se viele Rituale, die den Menschen Halt geben. Das beschränkt sich nicht nur auf katholische oder evangelische Riten, das ist in anderen Religionen genauso. Religionen sind ja immer eine Mischung aus dem, was der Seele guttut und was für das

Zusammenleben der Menschen förderlich ist und in mancherlei Hinsicht sogar der Hygiene dient. Die Waschung eines Verstorbenen fällt beispielsweise darunter. Sie dient dem Zweck, den Verstorbenen noch einmal anzufassen, zu berühren, natürlich auch sauberzumachen und dann in einer bestimmten Form zu verabschieden. Früher gehörte das bei uns in Deutschland ebenfalls zur Tradition. Es ist ein Ritus, der uns wie viele andere über die Zeit verlorengegangen ist. Andere Religionen haben die rituelle Waschung in ihre Regeln aufgenommen, sowohl die jüdische als auch die muslimische Bestattung sieht solch eine Waschung vor. Natürlich geht es auch um Gebete, aber primär geht es um das Waschen. Das Judentum schreibt sogar vor, dass

Die vielen interkulturellen Einflüsse, die mir in den unterschiedlichen Bestattungskulturen begegnen, empfinde ich als bereichernd.

im Laufe der Waschung exakt dreißig Liter Wasser zu verwenden sind. Für uns sind dreißig Liter Wasser einfach drei Eimer voll. In Israel aber ist Wasser im Sommer eine wertvolle Ressource und drei volle Eimer vom kostbaren Nass extrem viel und somit wiederum eine Ehrerweisung für den Verstorbenen. Mich beeindruckt das jedes Mal aufs Neue.

Für einen Bestatter, der seinen Beruf liebt und ihn gerne ausübt, ist es eine großartige Chance, diese verschiedenen Religionen und die damit verbundenen Kulturen und Bräuche kennenzulernen und umzusetzen. Jede Religion, mit der ich in Kontakt komme, übt etwas Faszinierendes auf mich aus. Wenn ich nacheinander mehrere hinduistische, buddhistische oder muslimische Bestattungen ausführe, dann werden mir die Unterschiede immer wieder bewusst. Das geht mir aber nicht nur bei den unterschiedlichen Religionen so, denn auch die Beerdigungsriten in anderen Ländern sind sehr unterschiedlich. Selbst wenn sie aus dem gleichen Land, aber einer anderen Region oder manchmal auch nur dem nächstgelegenen Dorf kommen, können sich die Abläufe unterscheiden. Es existiert eine schier unendliche Vielfalt an Bestattungsmöglichkeiten. Auch Deutschland ist da ein gutes Beispiel. Ich habe die Erfahrung gemacht, dass sich die Kirche dort, wo sie nicht viele Mitglieder hat, ganz anders aufstellt als dort, wo sie die vorherrschende Position innehat. Wenn ich in Norddeutschland bin, wo die evangelische Kirche die dominierende ist, kommen die Katholiken mit der Gitarre auf den Friedhof und spielen ein Lied. Dort sind die evangelisch-lutherischen Pastoren strenger als die katholischen Pfarrer. In Köln ist das genaue Gegenteil der Fall. Hier sind die Katholiken die streng Gläubigen, die ihre Riten wahren, und die Protestanten kommen mit der Gitarre auf den Friedhof. Es brauchte seine Zeit, bis ich das verstanden hatte. Zunächst war ich wie selbstverständlich davon ausgegangen, dass die evangelische Kirche immer und überall moderner und offener agiert. Bis ich eines Besseren belehrt wurde. Oftmals finde ich es bemerkenswert verrückt, diese starken Unterschiede auf so engem Raum zu erleben.

Aber mittlerweile weiß ich, dass Bestattungsriten generell sehr regional geprägt sind. Wir haben im Bergischen Land, das quasi direkt vor den Toren Kölns liegt, komplett andere Bestattungsabläufe als in Köln. Dort geht man als Bestatter noch immer mit einem Zylinder vor dem Sarg her und führt den Trauerzug an. Ich glaube, dass es das in Köln bereits seit hundert Jahren nicht mehr gibt und auch generell niemand mehr im öffentlichen Leben einen Zylinder trägt. Dabei ist das Bergische Land wie eben erwähnt gerade mal zwanzig Minuten von Köln entfernt.

Für mich steckt ein großer Reichtum darin, dass alles so unterschiedlich ist. Gleichzeitig bedeutet es aber auch, dass wir uns diese Bräuche und Rituale jedes Mal aufs Neue erarbeiten müssen. Wenn beispielsweise Menschen versterben, die in Köln gelebt haben, aber in Frankfurt bestattet werden wollen, dann kann solch eine Situation für mich als Bestatter sehr anspruchsvoll sein. Manchmal schlagen wir den Hinterbliebenen etwas vor, was in Köln überhaupt kein Problem darstellt, in Frankfurt aber nur zu Kopfschütteln führt. »Geht hier bei uns nicht« – habe ich schon allzu oft gehört. An solchen Dingen möchte man manches Mal verzweifeln. Wenn man nachfragt, warum dies oder jenes denn nicht gehen würde, hört man als Antwort gerne: »Das wurde hier noch nie so gemacht.« Da rennt man gegen verschlossene Türen.

Bei einer Urnenbeisetzung auf einem kleinen Dorffriedhof war so weit alles vorbereitet, und die Trauerfeier hatte begonnen. Mit einem Mitarbeiter ging ich zur Grabstelle und wollte vorab die Blumen dort ablegen sowie das Holzkreuz aufstellen. Doch wir suchten vergeblich das Grab. Als wir endlich einen Friedhofsangestellten entdeckten und ihn nach dem Grab fragten, zeigte er uns die Stelle. »Aber das ist ja noch gar nicht ausgehoben«, meinte ich. »Nö, das müssen ja auch Sie machen. Bei uns macht das immer der Bestatter«, wurde mir geantwortet. In diesem Moment kam ich ganz schön ins Schwitzen. In der Kirche läuft schon die Trauerfeier, und das Grab ist noch nicht einmal ausgehoben. Wir fragten den Mann nach einer Schaufel, die er uns glücklicherweise aus seiner privaten Garage zur Verfügung stellen konnte, und hoben in Rekordzeit das Grab aus. Gott sei Dank handelte es sich in diesem Fall nur um ein Urnengrab, so dass wir alles rechtzeitig erledigt hatten. Ich weiß nicht, wie wir die Situation bei einer Erdbestattung hätten retten können. Ich hätte ungern in die Gesichter der Angehörigen geschaut, wenn sie mit dem Leichenzug auf den Friedhof gekommen wären und wir den Sarg noch einmal hätten »zwischenlagern« müssen. Ein anderes Mal erfuhren wir erst vor Ort davon, dass keine echten Kerzen in der Trauerhalle dieser Stadt zugelassen waren. Es mussten elektrische Kerzen verwendet werden. Andernorts spielt die angebliche Brandgefahr dagegen keine Rolle.

Das Bestattungsgesetz ist ein Ländergesetz und gilt in Deutschland nur im jeweiligen Bundesland. Es gibt einfach keine einheitliche Gesetzgebung. Die Vorschriften sind daher immer anders, wenn wir eine Bestattung beispielsweise in Bayern, Hamburg oder Thüringen ausrichten. Natürlich sind einige Dinge gleich, aber die zahlreichen Unterschiede können einem die Arbeit schwermachen. Zudem existieren in den verschiedenen Städten andere Ausprägungen und Abläufe, hinzu kommt die jeweilige Friedhofsordnung, die dann auch noch einmal bestimmte Dinge individuell regelt. Jedes Mal, wenn wir außerhalb unseres üblichen Arbeitsumfeldes Bestattungen durchführen, müssen wir sehr vorsichtig agieren. Bei den Gesprächen mit den Angehörigen können wir oftmals nicht gleich alle Fragen beantworten. Wir müssen uns über den Sterbe- wie auch Bestattungsort zunächst genau erkundigen, Erfahrungen darüber einholen, was erforderlich ist, wie die Abläufe in dieser Stadt sind etc. In Nordrhein-Westfalen, speziell in Köln, werden die meisten Dinge, die in anderen Gegenden sehr eng gesehen werden, viel liberaler ausgelegt. In unserer Stadtverwaltung gibt es zum Glück keinen strengen Paragraphenreiter. Hier wird beispielsweise die Gestaltung von Grabsteinen nur gering reglementiert, obwohl es dazu auch diverse Vorschriften gibt. Die Grabsteine müssen in den Proportionen zueinander passen, und natürlich müssen sie auch statisch geprüft sein. Aber wenn diese beiden Dinge berücksichtigt werden, dann redet einem gestalterisch auch niemand in die konkrete Umsetzung hinein. Diese Freiheit führt dazu, dass die Friedhöfe in Köln zu einem wunderbaren Kulturraum werden, in dem sich eine große Individualität zeigt. Die eigene Identifikation der Leute mit ihren Grabstätten und Grabmälern hat ein enormes Ausmaß angenommen. In vielen anderen Städten herrscht in diesem Punkt weniger Freiheit, und die entsprechenden Friedhofsordnungen bestimmen alles in einem sehr strengen Rahmen. An diesem Punkt lässt sich beispielsweise die so häufig erwähnte Toleranz der Kölner ausmachen.

Besonders interessant und anspruchsvoll wird es bei Aufträgen, wenn wir Verstorbene ins Ausland überführen müssen. Man kann sich vielleicht vorstellen, dass jedes Land seine eigenen Bestimmungen hat und jeweils andere Voraussetzungen erfüllt sein müssen. Wenn wir Überführungen innerhalb Europas durchführen, dann ist das Routine für uns. Die Abläufe sind uns gut bekannt, und es gibt in der Regel keine unerwarteten Probleme. Wenn nun aber eine Überführung nach Aserbaidschan, China oder Neuseeland erforderlich ist, dann kann es sehr kompliziert werden. Erste Ansprechpartner sind für uns immer die entsprechenden Botschaften. Wir erkundigen uns bei ihnen nach der geltenden Rechtslage, und selbst wenn wir irgendwann schon einmal in das jeweilige Land überführt haben, müssen wir immer wieder aufs Neue klären, ob sich die Voraussetzungen nicht in der Zwischenzeit verändert haben. Die Erreichbarkeit von Konsulaten und Botschaften ist

Wir müssen uns in einem Wirrwarr aus Vorschriften zurechtfinden. Das macht meine Arbeit als Bestatter oft sehr kompliziert.

nicht immer leicht, weshalb es schwierig werden kann, die entsprechenden Informationen rechtzeitig einzuholen. In der Regel nehmen wir auch direkt nach dem Erstgespräch mit den Angehörigen Kontakt zu den Bestattern am Beerdigungsort im Zielland auf, um alle Fragen zu klären und einen reibungslosen Ablauf zu ermöglichen.

Verstirbt in Deutschland ein Tourist, kann man nahezu zu einhundert Prozent davon ausgehen, dass eine Auslandsüberführung in Auftrag gegeben wird. In diesen Fällen kümmert sich entweder die Familie im jeweiligen Heimatland des Verstorbenen um alles, oder es reist jemand an, um die Dinge von Deutschland aus zu regeln. Es kommt auch vor, dass eine Reiseleitung oder eine Versicherung für eine Überführung sorgt. Verstirbt ein Mensch, der hier in Deutschland gelebt und gearbeitet hat, ursprünglich aber aus einem anderen Land stammt, dann wird nicht immer automatisch eine Überführung in das Heimatland gewünscht. Früher haben wir sehr viele Überführungen nach Italien durchgeführt, denn wenn in Deutschland ein italienischer Staatsbürger starb, wurde er in der Regel in seinem Heimatland beigesetzt. Dort standen die Mausoleen der Familien, und in diesen wollten die Menschen beerdigt werden. Sogar die Särge wurden von uns aus Italien hierhergeholt, um sie mit den Verstorbenen zurück zu überführen. Der italienische und deutsche Geschmack unterschied sich sehr, wobei die italienischen Särge meist von kleinen Engelsflügelchen oder einem aus Holz geschnitzten Abendmahl verziert wurden. Solche Ausführungen waren auf dem deutschen Markt nicht erhältlich, und bis in die 1990er Jahre war der Transport eines italienischen Sarges nach Deutschland und wieder zurück der ganz normale Weg. Aber mittlerweile lebt die dritte Generation dieser italienischen Familien in Deutschland, und während die Großeltern noch in Italien bestattet wurden, so werden die Eltern immer seltener und die Kinder gar nicht mehr nach Italien überführt. Sie lassen sich ganz einfach in Deutschland bestatten.

Fakt ist, dass die Überführungen in andere Länder stark abgenommen haben und das auch weiterhin tun. Der Grund liegt auf der Hand: Die meisten Menschen, die in zweiter oder dritter Generation in Deutschland leben, wollen auch hier bestattet werden. Ihnen sind die Wurzeln der Familie zwar wichtig, aber sie fühlen sich inzwischen hier Zuhause und nehmen die Bestattungskultur an.

Eine italienische Familie hatte irgendwann die Idee, ihr Familiengrab auf einem Friedhof in Köln typisch italienisch zu gestalten. Die zuständige Friedhofsverwaltung war sehr offen und gewährte den gewünschten Freiraum. Normalerweise dürfen hier keine künstlichen Blumen verwendet werden, aber über diese Vorschrift sah man beispielsweise hinweg. Es entstand also ein für deutsche Verhältnisse ungewöhnliches, italienisch anmutendes Grab.

Kurze Zeit später kam die nächste Familie, die sich ein ähnlich gestaltetes Grab vorstellte. Und plötzlich entstand ein kleiner italienischer Friedhof inmitten eines großen Friedhofs in Köln. Die Offenheit der Friedhofsverwaltung und das Bild eines multikulturellen Friedhofs gefällt mir persönlich sehr gut.

In Köln gibt es auch muslimische Grabfelder, die aber nicht in dem Maße nachgefragt werden, wie wir musli-

Heimat ist für mich, wo man begraben werden möchte.

mische Sterbefälle haben. Wenn ich von muslimischen Sterbefällen rede, dann handelt es sich dabei in der Regel um türkischstämmige Mitbürger. Diese Muslime sind bei uns häufig über den türkisch-islamischen Dachverband DI-TIB organisiert, der als Religionsträger sehr darauf achtet, dass der Heimatbezug nicht verloren geht. Diesen Bezug stetig aufrecht zu halten und den in Deutschland lebenden Türken die Türkei als Heimatland nahezubringen, schafft DITIB sehr gut, was sich für uns Bestatter durch den hohen Anteil der Überführungen in die Türkei bemerkbar macht. Es gibt mittlerweile sogar eigene Bestattungsinstitute der DITIB, die sich um die Rückführungen kümmern. Der Anteil der türkischstämmigen Muslime, die sich in Deutschland bestatten lassen, ist noch immer sehr gering. Wohingegen gläubige Muslime aus anderen Ländern durchaus bei uns bestattet werden. Oftmals bestimmt bei diesen Gläubigen der liberalere Zugang zur Religion die Entscheidung für eine Bestattung in Deutschland. In diesen Fällen entscheiden sich die Menschen nicht selten sogar dafür, auf einem »normalen« Friedhof beigesetzt zu werden. Dabei ist die Entscheidung für ein Grab oftmals davon abhängig, ob es nach Mekka zeigt, und wenn das nicht der Fall ist, dann richtet die entsprechende Friedhofsverwaltung das Grab noch ein bisschen mehr nach Osten aus. Ob Verstorbene griechisch-orthodox, Hindus, Buddhisten oder Zeugen Jehovas sind, sie alle lassen sich in Deutschland beerdigen. Vielleicht lässt sich die Religionszugehörigkeit nach der Bestattung ein Stück weit an der Gestaltung des Grabmals erkennen – an der Wahl des Friedhofs lässt sie sich jedenfalls nicht mehr ablesen.

DEN TOD IN
DIE GESELLSCHAFT
ZURÜCKHOLEN

Wenn wir während der Karnevalszeit mit dem toben-
den Rosenmontagszug über die Severinstraße ziehen, dann
gehen wir dort direkt an einem Krankenhaus vorbei. Genau
in diesem Moment sterben dort vielleicht gerade Menschen – oder es werden welche geboren. Leben und Tod:
Das größte Glück und das größte Leid, Ausgelassenheit,
Freude, Verzweiflung und Trauer finden direkt nebeneinander statt. So ist der Lauf des Lebens, alles ist untrennbar
miteinander verbunden. Ich finde es sehr wichtig, dass wir
bewusst wahrnehmen und begreifen, dass das Leben und
der Tod zusammengehören. Viel zu häufig wird das heutzutage verdrängt und ausgeblendet, die wenigsten möchten sich wirklich mit dem Tod auseinandersetzen. Für mich
ist das schwer zu verstehen, und es bedarf einer gewissen
Portion Toleranz meinerseits. Weil für mich Leben und Tod
zusammengehören, ist es meiner Meinung nach wichtig,
dafür zu sorgen, dass diese Verbindung wieder einen Platz
in unserer Gesellschaft erhält. Leben und Tod sollen sich
wieder begegnen können.

Ganz konkret bin ich beispielsweise dafür, dass ein Leichenwagen auch als solcher erkennbar sein sollte. Es kann
doch nicht gut sein, wenn ich alles rund um dieses Thema
verstecke. Soll ein Bestatter beispielsweise einen Verstorbenen in einem Seniorenheim abholen, dann wird er meist
darum gebeten, den Hintereingang zu nutzen. Wenn es

schlecht läuft, muss er dann mit dem Sarg durch die Küche oder den Keller fahren. Für die Verantwortlichen ist das wunderbar kommod. Sie gehen davon aus, dass so niemand im Heim mitbekommt, dass ein Mitbewohner verstorben ist. Im Nachhinein bekommt es jedoch jeder mit: Zunächst die Menschen, die auf der gleichen Etage leben wie der Verstorbene, und dann alle anderen, die ihn kannten oder zumindest einordnen können. Spätestens, wenn irgendwann das Namensschild an der Zimmertür geändert wird, ist für alle ersichtlich, dass jemand gestorben ist. Wäre ein offener Umgang gleich nach dem Tod nicht viel angemessener? Der Leichenwagen fährt vor dem Haupteingang vor, man geht mit dem Sarg durch diesen Ausgang heraus, und die Menschen, die dort im Foyer sitzen, dürfen zuschauen und können sich vielleicht mit einem »Tschüss, Frau Schmitz« noch von ihrer Weggefährtin verabschieden. Das wäre eine Situation, die dazu gehört und die man nicht vor den Menschen verheimlichen sollte. Solche Eindrücke gehören eigentlich in unser aller Alltag, und sie stellen einen großen Wert für die Gesellschaft dar – einen unschätzbaren Wert für das Seelenheil jedes Einzelnen. Denn plötzlich werden die eigenen Tage wieder wertvoll und kostbar.

In vielen dörflichen Bereichen befindet sich der Friedhof nach wie vor rund um die Kirche an einem zentralen Punkt der Ortschaft. Die Menschen gehen oder fahren dort jeden Tag vorbei, so dass der Tod präsent bleibt. In unseren Großstädten sieht es stellenweise ein wenig komplizierter aus. In Köln führten die Veränderungen in der Bestattungsverordnung durch Napoleon höchstpersönlich zur Errichtung des heutigen Zentralfriedhofs Melaten, der damals allerdings noch außerhalb der Stadtgrenze lag. In der Franzosenzeit wurden die meisten innerstädtischen Friedhöfe aus den Städten verbannt und hinter die Stadtmauern verlegt. Der Tod verschwand aus der öffentlichen Wahrnehmung. Heute ist es Gott sei Dank so, dass aufgrund der normalen Ausdehnung der Städte alles wieder zusammengewachsen ist. So wie der Friedhof Melaten in Köln wieder innerhalb

Ich möchte, dass der Tod wieder sichtbar wird in unserem Leben – mit der Aufbahrung der Toten, den Leichenwagen im Straßenbild oder den Friedhöfen als zentralen Orten in unseren Städten.

der Stadt liegt, gehören auch andere Friedhöfe wieder ganz natürlich zum Stadtbild dazu. Wenn man an diesen Orten bewusst vorbeigeht und sie wahrnimmt, dann ist das Thema Tod auch wieder ganz nah in unserem Leben.

Eine Entwicklung, die ich persönlich sehr positiv sehe, ist die verstärkte Nachfrage nach individuell gestalteten Trauerfeiern. Für mich bedeutet das, dass man sich mehr mit dem verstorbenen Menschen auseinandersetzt und die Trauerfeier so gestaltet, dass sie den Menschen, der gegangen ist, widerspiegelt. Oftmals wollen die Hinterbliebenen in diesen Fällen lieber einen Trauerredner anstelle eines Geistlichen. Mir sagt die Kombination aus Trauerredner und Geistlichem mehr zu. Oder auch die Einbindung von Familie und Angehörigen des Verstorbenen in die Trauerfeier. Unter dem Strich soll das Leben des Verstorbenen gewürdigt werden, es soll herausgestellt werden, um wen es eigentlich geht und was diesen Menschen ausgezeichnet hat. Wer könnte das besser als die Menschen, die ihn in seinem Leben begleitet haben? Bei diesem Punkt lassen sich die unterschiedlichsten Bereiche dafür nutzen, dass der Verstorbene noch einmal im Mittelpunkt steht. Ein Aspekt, der für viele auf der Hand liegt, ist die Musik, die für solch eine Feier gewählt wird. Musik ist ein immenser Emotionsträger, und sie weckt Erinnerungen. Sie kann bildlich gesprochen umarmen und gleichzeitig auch provozieren. Und wenn die Musik an dieser Stelle eine Verbindung schafft zu dem Menschen, der hier betrauert wird, dann schafft man große Emotionen, die einer Trauerfeier angemessen sind. Vielleicht muss man sogar mal lachen oder zumindest schmunzeln. Selbst wenn es eine Musik ist, die eigentlich gar nicht zu einer Trauerfeier passt, kann sie genau richtig sein, weil dieser Mensch sie gerne gehört hat. Mir ist bei den gestalteten Trauerfeiern wichtig, dass sich die Hinterbliebenen ein wenig von den gängigen Ritualen lösen und stattdessen Persönlichkeit und Individualität zulassen. Dann gibt es eine Wiedererkennung, die sich bestenfalls durch den gesamten Ablauf zieht. Das kann bisweilen auch schon mal zu ganz besonderen Situationen führen.

Wir hatten einen Fall, bei dem die Familie es bis zum Tage der Beerdigung nicht geschafft hatte, uns die CD mit der Musik für die Trauerfeier zu übergeben. Normalerweise muss der Perfektionist in mir eine CD natürlich vor der Trauerfeier checken und mindestens einmal in Ruhe anhören, denn wehe, sie läuft nicht korrekt oder springt beim Abspielen. Aber das war in diesem Fall nicht möglich, weil der Sohn der Verstorbenen uns die CD erst beim Beginn der Trauerfeier überreichte. Es gab also keine Möglichkeit für einen Test, und wir legten die CD schnell ein, drückten auf Start und hofften das Beste. Technisch funktionierte alles perfekt, aber statt der erwarteten üblichen Musikstücke tönte aus den Lautsprechern der Party-Song von Andrea Berg »Du hast mich tausendmal belogen«. Der Mitarbeiter an der Musikanlage wurde kreidebleich. Der Pfarrer im Nebenraum traute seinen Ohren nicht. Wir dachten sofort, der Sohn hätte im Auto bestimmt die CD vertauscht, aber alle Trauergäste saßen andächtig in der Trauerhalle. Der Pfarrer wollte die Trauerfeier schon abbrechen, als der herbeigeholte Sohn uns erklärte, dass dieses Lied DAS Lied der Eltern gewesen sei. Jeder im Raum würde die Zusammenhänge kennen, und der Pfarrer sollte doch bitte die Trauerfeier wie geplant halten. Da hatte selbst dieser auch keine Probleme mehr, zu beginnen. In seiner Ansprache nahm er die Überraschung über die Musikauswahl, sein Entsetzen und die Aufklärung durch den Sohn auf. Das war sehr authentisch und schön gelöst. Am Ende wird kein Beteiligter diese Beerdigung je vergessen haben.

Neben der Musik ist die Traueransprache natürlich ein zentraler Punkt. Sie sollte aus dem persönlichen Blickwinkel des Redners etwas von dem Verstorbenen widerspiegeln. Hierdurch bekommen die Anwesenden noch einmal eine andere Sicht auf den Menschen, um den es geht. Ein Trauerredner kann das nicht im gleichen Maße leisten wie ein Familienmitglied, das sollte man immer bedenken. Wenn die Ehefrau etwas über ihren verstorbenen Mann sagt, werden das vermutlich Dinge sein, die viele so nicht erlebt haben. Oder es werden Grundzüge dieser Beziehung offenbart, die Außenstehende so nie wahrgenommen haben – oder sie vielleicht sogar bestätigt sehen. Auf jeden Fall stellt das persönliche Wort eines Angehörigen einen Mehrwert für alle Anwesenden dar. Wenn ein Arbeitskollege spricht, dann kennt die Ehefrau die Arbeitswelt ihres Mannes vielleicht gar nicht so im Detail und erfährt etwas über ihren Mann, was sie so noch nie gehört hatte. Deshalb befürworte ich jede einzelne Ansprache, die eine Beisetzung aufwertet und den Moment zu einem besonderen macht. Wenn jedoch niemand in der Lage ist, etwas Persönliches zu sagen, weil er zum Beispiel zu betroffen ist, dann kann man immer auf einen professionellen Trauerredner zurückgreifen. In solch einem Fall ist es dann wichtig, dass nicht nur die Lebensdaten weitergegeben werden und aus diesen eine Rede geschrieben wird. Ein guter Trauerredner sollte sich immer mit den Angehörigen zu einem ausführlichen Gespräch treffen, in dem über den Verstorbenen gesprochen wird, Anekdoten, Lebensdaten etc. ausgetauscht werden und die Familie mitteilen kann, was sie gerne erzählt haben möchte, aber nicht selbst erzählen kann. In manchen Fällen, wenn eine sterbende Person weiß, dass sie bald gehen muss, besuchen Trauerredner diese ebenfalls zu einem Gespräch und erhalten die Informationen so-

Bei einer Trauerfeier geht es für mich darum, den Menschen, der gestorben ist, sichtbar zu machen und für die Hinterbliebenen ein Bild zu schaffen, das eine Verbindung zu dem Verstorbenen ermöglicht.

zusagen aus erster Hand – wenn dann die Trauerrede gut geschrieben und gehalten wird, ergibt auch diese Variante eine sehr persönliche Note, da der Verstorbene noch einmal das Wort an seine Hinterbliebenen richten kann. Einige Trauerredner sind zusätzlich aber auch noch Trauerbegleiter und gehen mit den Familien ein Stück ihres Weges bei der Trauerarbeit.

Eine dritte Komponente ist die Dekoration. Wenn der verstorbene Mann als Rentner jede freie Minute an seinem Auto, Motorrad oder Fahrrad gebastelt hat und damit durch die Welt gefahren ist, dann gehören diese Dinge vielleicht in die Trauerhalle. Oder meinetwegen auch davor, denn nicht in jede Trauerhalle passt ein Auto. Das Vehikel visualisiert noch einmal, wofür der Verstorbene gestanden und was ihn begeistert hat. Wenn der Tote Angler war, warum nicht eine Angel und Köder neben dem Sarg drapieren? Oder wenn er Pianist war, warum steht dann nicht ein Flügel in der Trauerhalle?

Es geht darum, ein Bild zu schaffen für etwas, das immer da war, sich jetzt aber verändert hat. Lässt sich solch eine direkte Verbindung zu dem Menschen, der dort liegt, schaffen, wird das keiner der Trauergäste jemals vergessen und es wird in die Erinnerung mit einfließen. Trauer entsteht nämlich immer aus der Beziehung heraus, wie man zu demjenigen, der gestorben ist, gestanden hat. Ich traure nicht ohne Grund, sondern ich traure in Bezug auf den Menschen. Deshalb ist es so wichtig, diesen Menschen sichtbar zu machen. Wir gehen oftmals sogar noch einen Schritt weiter. Schon in den Einladungen zur Bestattung lassen sich solche persönlichen Bezüge transportieren. Da überlegen wir ganz genau, wie kann die Einladung gestaltet sein, damit die Emotionalität von vornherein gegeben ist. Das lässt sich fortführen bis hin zu der Entscheidung, wo man nach der Trauerfeier essen geht. Vielleicht geht man ja nicht in dieses dafür vorgesehene Café gegenüber dem Friedhof, wo im Halbstundentakt die Trauergesellschaften bewirtet und in verschiedenen Räumen platziert werden, um dann Essenspaket A, B oder C zu sich zu nehmen. Vielleicht geht man in die Pizzeria um die Ecke, wo es dann richtig knubbelig voll wird, aber wo man früher gerne gesessen und getrunken hat und in der jeder eine Erinnerung an den Verstorbenen mitbringt. Oder man wählt den Platz, wo der letzte runde Geburtstag oder die goldene Hochzeit gefeiert wurde. Einen Ort, mit dem man emotional etwas verbindet. Selbst wenn man sich dafür noch mal ins Auto setzen muss. In dieser Konsequenz versuchen wir jede Trauerfeier zu durchdenken, wobei es nicht darum geht, dass diese aufwendiger oder gar teurer wird, sondern nur darum, wie sie der jeweiligen Sicht auf diesen Verstorbenen gerecht wird.

Ein ganz wichtiger Gedanke sollte sein, dass sich manch einer ganz anders sieht, als die Familie ihn betrachtet. Dementsprechend macht es einen großen Unterschied, wer sich Gedanken über die Trauerfeier macht. Sorgt ein Mensch vor und legt fest, was im Falle seines Todes passieren soll, dann wird eine andere Trauerfeier dabei herauskommen, als wenn die Familie über die einzelnen Elemente der Beerdigung entscheidet. Ich finde die Frage danach vollkommen legitim, was eigentlich wichtiger ist: der eigene Wille oder die Bedürfnisse der Familie und der Hinterbliebenen. Nach allem, was wir wissen, können wir davon ausgehen, dass es uns am Ende egal sein wird, wie wir bestattet werden, wenn wir erst einmal tot sind. Unseren Familien aber nicht. Ist es also wichtig, was ich mir wünsche, oder ist am Ende wichtiger, was für die Familie eine Stütze ist und was ihr eine Perspektive gibt? Welcher besondere Trauerort kann ihnen beispielsweise helfen? Ist es die See, ist es das Familiengrab oder ist es ein Baum? Das kann ja jede Familie für sich entscheiden, aber ich halte es für wichtig, die Bedürfnisse mitzunehmen und nicht zu viel Egoismus an dieser Stelle walten zu lassen.

Vor kurzer Zeit kam ein Ehepaar zu mir, das seine Bestattung im Vorfeld regeln wollte. Wir haben zusammengesessen, miteinander geredet und dabei kristallisierte sich schnell der Wunsch heraus, dass dieses Ehepaar anonym bestattet werden wollte. Das ist heute kein ungewöhnlicher Wunsch mehr. Allerdings hinterfragen wir diesen Wunsch auch sehr genau, da solch eine anonyme Beisetzung ein großer Schritt ist. Wie kommt es zu dieser außergewöhnlichen Entscheidung? Denn das bedeutet ja, dass man beigesetzt wird, während niemand dabei ist und wo hinterher auch nirgendwo ein Name auftaucht. Es gibt später nur eine Benachrichtigung an die Hinterbliebenen darüber, auf welchem Rasenstück die Urne begraben oder die Asche verstreut wurde. Anonym heißt eben anonym. Im ersten Moment hört sich das sehr modern und wunderbar unverbindlich an. Da existiert kein Grab, das man pflegen muss. Man fällt niemandem zur Last. Fakt ist aber auch, dass für die Familie kein fester Trauerort etabliert wird. Im Gespräch mit dem Ehepaar stellte sich heraus, dass es auch Kinder und Enkel gab, woraufhin ich wissen wollte, wie denn die Beziehung zu ihren Kindern und Enkelkindern sei. Die Kinder besuchten ihre Eltern alle vierzehn Tage, und mit den Enkeln verbrachten die Großeltern gerne ihre Zeit. Während sie mir das erzählten, leuchtete mir der geäußerte Wunsch, anonym beerdigt zu werden, immer weniger ein. Auf meine Frage hin, ob die Kinder von diesem besonderen Wunsch wüssten und was sie davon halten würden, hörte ich die entschiedene Antwort: »Das würden wir ihnen nie sagen. Sie würden das nicht wollen.« Der Konflikt innerhalb der Familie war damit vorprogrammiert, irgendwann würden die Kinder ja davon erfahren und dann wären sie vor vollendete Tatsachen gestellt. Ich beriet das Ehepaar dahingehend, dass sie sich die Sache noch einmal genau überlegen sollten. Mein Vorschlag war, dass wir einen weiteren Termin vereinbaren, zu dem ich alles so weit vorbereiten könnte, so dass nur noch die Unterschrift fehlen würde. Zu diesem Termin sollten dann aber die gemeinsamen Kinder mit dazukommen und ich könnte das gemeinsame Treffen moderieren, um den Kindern die Entscheidung ihrer El-

Ich glaube, dass ein Grab als Trauerort ein Rettungsanker sein kann, selbst wenn man es nach der Bestattung nicht mehr besucht.

tern nachvollziehbar zu erläutern. Dieses Ehepaar ist nach unserem ersten Gespräch nicht mehr wiedergekommen. Sie meinten, wenn das mein Vorschlag sei, dann würden sie sich einen anderen Bestatter suchen. Zweifellos war ich nicht der richtige Partner für diese Menschen, denn wenn ich eine Beisetzung ausführe, dann möchte ich alle Eventualitäten abgeklärt wissen und voll dahinterstehen, um meinen Beruf gut ausführen zu können.

In einem anderen Fall habe ich einmal die andere Seite solch einer Geschichte erlebt, was allerdings schon ein paar Jahrzehnte her ist. Da war die Ziehmutter einer Familie verstorben, die ebenfalls im Vorfeld den Rahmen für ihre Beerdigung geregelt hatte. Wir kamen bei uns zusammen und öffneten den Umschlag der Bestattungsvorsorge, um zu sehen, was die Frau im Vorfeld verfügt hatte. Dort war auch der Wunsch nach einer anonymen Bestattung. Der Ziehsohn reagierte vollkommen fassungslos. »Das kann doch nicht wahr sein. Wir haben den Vater hier auf dem Dorffriedhof liegen und gehen jeden Tag dort vorbei, weil der Supermarkt nebenan ist. Wir bringen Blümchen und nehmen die Kinder mit auf den Friedhof, das ist für uns ganz wichtig. Und warum soll die Mutter jetzt in einem anderen Stadtteil und dann auch noch anonym bestattet werden?« Als Grund hatte die Mutter die aufwendige Grabpflege angeführt und dass sie nicht wolle, dass die Kinder das Grab pflegen müssten. Dabei musste der Sohn das Grab vom Vater sowieso noch mindestens weitere fünfzehn Jahre pflegen. Am Ende haben wir für diese Familie einen Kompromiss gefunden. Dem Wunsch der Mutter nach einer anonymen Bestattung sind wir nachgekommen, indem wir die Urne zwar in dem Familiengrab beerdigt haben, dies jedoch in einer anonymen Weise, also ohne ihren Namen auf dem Grabstein zu vermerken. Ein zugegeben etwas fauler Kompromiss, aber eine tragfähige Lösung für die Familie und im Rahmen der Vorsorge eben auch für das, was die Verstorbene sich gewünscht hatte. Damals hat mich diese Geschichte zum Nachdenken gebracht, da ein echter Konflikt zwischen dem Anspruch der Familie und dem eigenen Anspruch steht.

Manchmal ist es Altersbescheidenheit, und niemand soll die Mühe haben, regelmäßig zum Gießen der Blumen auf den Friedhof kommen zu müssen. Manchmal kümmert sich einfach auch niemand um einen, und aus dieser Situation heraus entsteht der Wunsch nach einem anonymen Grab. Gleichwohl ist für viele Menschen ein Platz, an dem der Name eines verstorbenen Verwandten steht, extrem wichtig. Viele können auch damit leben, dass die Eltern eingeäschert werden, selbst wenn sie das eigentlich nicht gutheißen, wenn dann nur der Name auf einem Grabstein eine Zeit lang erhalten bleibt. Oftmals ist es wichtig und beruhigend zu wissen, dass man einen Ort hat, an den man hingehen kann, aber nicht muss und vielleicht auch nie mehr hingeht. Dann stellt das Grab einen Rettungsanker dar, bei dem man weiß, dass es ihn gibt, aber ebenso froh ist, wenn man ihn nicht braucht.

Ich bin überzeugt davon, dass die Beerdigung, der Bestattungsplatz, die Trauerfeier und die Abschiednahme ganz wichtige Elemente sind, bei denen die Menschen, die zurückbleiben und trauern, sich mit dem Menschen, der gegangen ist, noch einmal neu befassen. Wer war das und was machte diesen Menschen aus? Und welche Sicht habe ich auf ihn? Da ist die Eigenwahrnehmung meist eine ganz andere als die Außenwahrnehmung. Deshalb ist es bei einer Bestattungsvorsorge auch so wichtig, von außen jemanden zu haben, der das begleitet und der eventuell eine andere Sicht einbringt. Für mich persönlich habe ich zwei Dinge festgelegt. Zunächst ist mir wichtig, dass ich nicht eingeäschert werde. Eine Feuerbestattung ist für mich die brachialste Bestattungsform, und sie hat für mich nichts Friedliches. Das Ökologischste – rein von der CO_2-Bilanz – ist hinlegen und vergehen lassen – unter der Erde natürlich. Das zweite, das ich verfügt habe, ist der Ort, an dem ich begraben werden möchte. Das Grab gibt es nämlich schon. Vor einigen Jahren bekamen wir die Gelegenheit, eine Gruft auf dem Friedhof Melaten in Köln zu erstehen. Für mich bietet eine Gruft eine saubere Art von Verwesung. Ich kann mir sehr gut vorstellen, dort bestattet zu werden, und habe das auch so festgehalten. Meine erste Frau hat dort auch schon ihre letzte Ruhestätte gefunden. Alles weitere, was zu regeln ist, wenn ich tot bin, wie etwa das, was ich anhabe, wie die Trauerfeier aussehen soll etc., das soll meine Familie bestimmen. Sie sollen sich zusammensetzen und überlegen, welche Musik holen wir für den Alten raus und was ziehen wir ihm an. Sie sollen dem Ganzen ihr persönliches Bild von mir zugrunde legen. Würde ich mir wünschen, dass ich in meiner Lederjacke bestattet werden möchte, dann kommen meine Kinder vielleicht und sagen, die hat ihm noch nie gut gestanden. Vielleicht war ich für sie immer eher der Papa, der im Karnevalsfrack herumgelaufen ist, und den soll er jetzt auch tragen. Mein Wunsch ist es, dass sie mich in guter Erinnerung behalten und so, wie ich für sie war – was ich dabei trage, ist mir dann egal.

Der Austausch über meine Beerdigung wird meine Kinder bereichern und gut für ihre Trauerarbeit sein. Die sollen das dann alles entscheiden, und ich lehne mich entspannt zurück. Aus diesem Grund habe ich gar nicht mehr festgelegt als oben erwähnt. Alles andere wäre selbst für mich richtig schwierig. Denn ich komme jeden Tag beeindruckt von irgendeiner Beerdigung zurück und denke dann, dass ich das so oder so auch haben will. Aber ich erlebe so viele Beerdigungen, und wenn ich all die Ideen wirklich umsetzen würde, dann wäre meine Trauerfeier vermutlich die längste in der Bestattungsgeschichte.

Sich mit dem Tod zu beschäftigen heißt auch, sich um die Finanzierung der eigenen Beerdigung Gedanken zu machen. Während meiner ersten Jahre als Bestatter, also Mitte der 1980er Jahre, gab es noch das Sterbegeld der Krankenkassen. Ich erinnere mich, dass die Berechnung des

Sterbegeldes einen großen Teil meiner Prüfung ausmachte. Solang jemand arbeitete und krankenversichert war, wurde das Sterbegeld gehaltsabhängig berechnet. Als Rentner be-

Als besonders belastend empfinde ich es, wenn der Tod für die Angehörigen nicht nur eine emotionale Herausforderung darstellt, sondern auch eine finanzielle.

kam man einen Regelsatz, der 1988 noch 4106,80 D-Mark ausmachte. Davon konnte der Bestatter das Grab bezahlen, eine Trauerfeier ausrichten und sogar einen günstigen Eichensarg bestellen. Ich würde heute sagen, dass das eine solide Mittelklasse-Bestattung ausmachte. Dann kamen ab 1989 die verschiedenen Stufen der Gesundheitsreform, und mit ihnen verringerte sich das Sterbegeld immer weiter, bis es schließlich komplett wegfiel. Erst wurde es denjenigen gestrichen, die noch aktiv im Arbeitsleben standen, im Anschluss auch den Rentnern. Seither muss jeder für seinen eigenen Todesfall vorsorgen, doch diese Eigenverantwortung ignorieren die meisten Menschen. Sie wollen nichts davon wissen, dass auch ihr Ableben Kosten verursachen wird. Zugegeben, es ist auch nicht das beste Thema, mit dem man sich in seinen frühen Jahren auseinandersetzen möchte, und man schiebt es lieber vor sich her. Wir Bestatter werben aber dafür, zu Lebzeiten schon kleinere Lebensversicherungen, Sterbegeldversicherungen oder etwas Ähnliches abzuschließen, um den Sterbefall abzusichern, denn nicht selten erleben wir, dass Menschen auf einen Todesfall finanziell nicht vorbereitet sind. Da gibt es die Fälle, in denen die Mutter bestattet werden muss, aber nicht vorgesorgt hat, so dass die Kinder das Geld irgendwie zusammenkratzen müssen. Das wird manchmal zu einem großen Problem für die Hinterbliebenen. Ebenso kann es auch passieren, dass nach dem Tod keiner mehr da ist, der für die Kosten aufkommen kann. Dann wird die Beisetzung für uns Bestatter oft zu einem Problem.

Bei uns in Deutschland gibt es eine gesetzliche Bestattungspflicht. Verwandte sind also gesetzlich dazu verpflichtet, für die Bestattung ihrer Angehörigen zu sorgen und auch für sie aufzukommen. Der Kreis, der hier als zahlungspflichtig herangezogen wird, ist ein größerer als jener, der zum Beispiel zur Zahlung für den Lebensunterhalt verpflichtet wird. Dennoch registrieren wir zunehmend, dass sich Menschen dieser Verantwortung entziehen. In diesen Fällen ordnet die Stadtverwaltung die Bestattung an und ermittelt parallel eine mögliche bestattungspflichtige Person, wie das im Amtsdeutsch genannt wird. Wenn diese Person ermittelt werden kann, dann holt sich das Ordnungsamt die entstandenen Kosten bei ihr zurück. Während dieser Suche kann aber natürlich nicht abgewartet werden. Die Beerdigung muss erledigt werden, auch wenn sich zunächst keiner um sie kümmert. Dabei wird in der Regel eine Einäscherung und die günstigste Bestattungsform gewählt. Egal, ob das so gewünscht war oder nicht. Denn hier ist die Stadtverwaltung der Auftraggeber, auch wenn das nicht zwingend heißt, dass es keine Familie gibt, die vielleicht am Ende des Tages für die Bestattung aufkommen muss. Bevor diese Familie allerdings gefunden wird, geht einige Zeit ins Land. Ein anderer Fall ist es, wenn Familie vorhanden ist, diese auch gerne die Beerdigung in Auftrag geben würde, jedoch keine finanziellen Mittel zur

Verfügung stehen. Dann kann die Familie einen Antrag auf Erstattung der Beerdigungskosten beim zuständigen Sozialamt stellen. Das ist ein gesondertes Antragsverfahren, welches mit den vielleicht schon gestellten und bewilligten Unterstützungen zum Lebensunterhalt nichts zu tun hat. Wenn eine Familie zu uns kommt und sagt, dass sie die Beerdigung leider nicht bezahlen kann, dann machen wir die Bestattung trotzdem und beraten die Familie dahingehend, dass sie sich beim Sozialamt melden soll. Denn vielen Menschen ist diese Möglichkeit gar nicht bekannt. Viele Hinterbliebene stellen diesen Antrag dann auch, aber manchmal fehlen notwendige Unterlagen, die erst besorgt werden müssen. Für das Sozialamt ist die Vollständigkeit der Papiere unabdingbar, und wenn die Familien nicht alles nachweisen können, dann übernimmt das Amt auch die Kosten nicht. Oftmals dauert dieser Prozess eine lange Zeit, in der der Verstorbene bereits längst beerdigt wurde. Wir stehen dann manchmal da und fragen uns, was jetzt zu tun ist. Die Familie hat von Anfang an gesagt, dass sie eine Beerdigung nicht bezahlen kann. Betrug lässt sich ihr also nicht vorwerfen. Das Amt wird aber auch nicht tätig. Damit sind wir die Dummen. Weil das tatsächlich keine Einzelfälle sind, sondern vermehrt vorkommt, ist im Bestattungswesen eine tiefgreifende Debatte darüber entstanden, wie in solchen Fällen zukünftig agiert werden soll.

Es gibt Länder, die handhaben das anders und sehen zumindest eine Minimalbestattung von staatlicher Seite vor. In den Niederlanden gibt es beispielsweise die vorausschauende Kultur, dass jeder eine Sterbeversicherung hat. Wenn dort jemand in den Arbeitsmarkt eintritt und anfängt zu arbeiten, wird sofort eine Versicherung angelegt. Die Versicherer kooperieren dann meistens mit großen Bestattungsketten, und es werden feste Erfüllungsverträge geschlossen, so dass man sicher sein kann, dass die Bestattung erfolgen wird.

In Deutschland läuft es folgendermaßen ab: Wenn ein Familienmitglied zu Hause stirbt und der Notarzt oder Hausarzt gerufen wird, damit er den Tod feststellt, dann muss dieser privat bezahlt werden. Dafür ist die Krankenkasse schon nicht mehr zuständig. Für die Ärzte ist das auch nicht gerade die angenehmste Situation, denn sie werden dazu genötigt, den Angehörigen mit dem Totenschein gleich ihre Rechnung zu übergeben. Je nach Fall ist das ein Betrag zwischen fünfzig und 170 Euro.

Wir erleben es leider sehr häufig, dass sich Ärzte einfach ungeschickt verhalten, wenn es um Todesfälle geht. Obwohl man es nicht meinen sollte, ist der Tod im Bereich der Medizin immer noch eine Ausnahmesituation. Im Kran-

Ich erlebe es oft, dass der Tod für viele Mediziner immer noch eine Ausnahmesituation darstellt.

kenhaus kommen Ärzte zu Angehörigen, die gerade einen ihrer liebsten Menschen verloren haben, und handeln das in einer erschreckenden Sachlichkeit ab, die aber bei diesen Menschen komplett auf der falschen Ebene andockt. Da sind oftmals Ärger und Stress vorprogrammiert. Wir lassen uns diese Situationen von unseren Kunden immer möglichst genau schildern und versuchen manches Mal im Nachhinein, mit der Klinikleitung zu sprechen. Auf der sachlichen Ebene gibt es zwar keine Beanstandungen, aber auf der emotionalen dafür umso mehr. Vielleicht sollte der

Arzt erst einmal versuchen, die Angehörigen mit einem Gespräch aufzufangen, bevor er anfängt, den Sachverhalt zu erklären. Natürlich kann man vortrefflich darüber philosophieren, ob das die Aufgabe eines Arztes ist. Emotional würde es den Hinterbliebenen aber ohne Zweifel helfen, und auch für die Ärzte wäre damit der Ansatz für einen anderen Umgang mit dem Tod gegeben. Für beide Seiten ist es meiner Ansicht nach sehr hilfreich, wenn diese Sachverhalte in der Ausbildung von Medizinern in Zukunft eine größere Rolle spielen. Situationen, in denen man Angehörige über den Tod eines Familienmitglieds informieren muss, sind in diesem Beruf unumgänglich. Da ist es doch angebracht, geschult zu werden und darüber Bescheid zu wissen, wie man mit dieser Situation umzugehen hat.

Wir haben schon mit verschiedenen Trägern diverse Workshops zu solchen Themen veranstaltet. Dabei ging es auch um die Frage, wie unterschiedlich man mit dem Tod im Kreissaal oder auf einer Pflegestation umgehen kann. Es existiert natürlich nicht die eine, einzig richtige Möglichkeit, man muss auch in der Lage sein, situativ auf solche Ereignisse einzugehen. Im Kreissaal ist das dichte Nebeneinander von größtem Glück und größtem Leid oft nur durch einen Vorhang voneinander getrennt. Das ist eine unglaubliche Herausforderung für die Mitarbeiter. Im Pflegeheim wiederum ist man auf einen Sterbefall vielleicht schon anders vorbereitet. Wenn hier jemand stirbt, lässt sich beispielsweise eine Kerze aufstellen und noch ein Bild daneben stellen. Die Tür des Zimmers, in dem ein Verstorbener liegt, wird besonders gekennzeichnet, um auf diese besondere Situation hinzuweisen. So wird auch verhindert, dass die Angehörigen einfach in die Krankenzimmer gehen, weil sie ihre Liebsten besuchen wollen – und plötzlich liegen sie nicht mehr in ihrem Bett. Das ist keine Seltenheit, solche Situationen passieren häufiger, als man denkt. Das Personal hat vielleicht schon die ganze Zeit versucht anzurufen, aber währenddessen saßen die Angehörigen gerade im Auto auf dem Weg ins Krankenhaus. Hier könnte mit relativ einfachen Mitteln vermieden werden, dass es zu unschönen Situationen kommt.

KINDHEIT MIT LEICHEN IM KELLER

Es war nicht immer ganz einfach, das Kind eines Bestatters zu sein. Als wir noch in der Innenstadt wohnten, war der Beruf meiner Eltern zwischen mir und meinen Freunden kein Thema. Wir lebten in diesem städtischen Mikrokosmos, in unmittelbarer Nähe zu unserem Unternehmen und meiner Schule. Alle kannten unsere Familie und wussten, womit wir unser Geld verdienen. Meine Freunde natürlich auch. Die fanden es toll, zu uns zu kommen, weil einfach viel Platz da war und es sich für alle wie ein riesiger Abenteuerspielplatz anfühlte. Die Gegebenheiten änderten sich, als wir von der Innenstadt in einen Vorort von Köln zogen. Dort war die Situation gänzlich anders. Auch hier erfuhren die Kinder von ihren Eltern, womit unsere Familie ihr Geld verdient, und fanden das offensichtlich nicht ganz so normal wie wir. Zumindest regte es ihre Phantasie enorm an. Manche hatten durchaus ein Problem damit, wenn sie zu uns zu Besuch kamen. Teilweise betraten sie unser Haus nur sehr zögerlich und meinten dann immer: »Hier riecht es komisch.« Sie waren davon überzeugt, dass bei uns im Haus überall verstreut Leichen herumliegen würden. Natürlich habe ich ihnen erzählt, dass das ein normales Wohnhaus ist und kein Bestattungshaus. Trotzdem war das eine skurrile Situation. Die Erwartungshaltung blieb, und es wurde weiterhin davon ausgegangen, dass bei uns daheim die Särge im Keller stehen würden.

Für mich und meinen drei Jahre jüngeren Bruder jedenfalls war der Beruf unserer Eltern das Normalste der Welt. Für Kinder ist es ja meist so, dass sie es als vollkommene Selbstverständlichkeit ansehen, dass Mama und Papa morgens zur Arbeit gehen, und das gesellschaftliche Ansehen der Berufe ihrer Eltern vor allem in jüngeren Jahren nicht weiter hinterfragen. Für uns war die Firma eben die Firma, in der unsere Eltern arbeiteten. Dort standen Särge, in die die Toten hereingelegt und dann zum Friedhof gebracht wurden, wo eine schöne Feier abgehalten und am Ende der Sarg in das Grab gelassen und verbuddelt wurde. Das war zumindest unser Kenntnisstand, und bereits in der Grundschulzeit fing ich an, in meinen Ferien im Familienbetrieb ein bisschen Taschengeld dazuzuverdienen. Ich fuhr zum Beispiel mit auf den Friedhof und legte in den Trauerhallen lange schwarze Läufer aus, damit es dort während der Trauerfeiern ein bisschen ansehnlicher aussah. Diese schwarzen Teppiche waren extrem empfindlich und bis zu dem Moment, wo die Angehörigen ankamen, musste ich diese Läufer immer wieder abfegen. Denn immer, wenn jemand darüber lief, musste ich den abgetretenen Schmutz erneut beseitigen. Aus Sicht meiner Eltern gab es keinen besseren Ferienjob, da sie mich gleichzeitig wunderbar unter ihrer Aufsicht hatten. Zunächst fegte ich also Teppiche und löste diese Tätigkeit später mit dem Säubern der Leichenwagen ab. An den Autos war immer etwas zu machen, sie mussten innen und außen gewaschen, gesaugt oder poliert werden – das hatte alles nichts mit den realen Sterbefällen zu tun.

An dieser Stelle muss ich einen kleinen Exkurs einfügen: So einen Leichenwagen kauft man nämlich nicht wie seinen

Familienwagen oder Sportwagen beim Autohändler um die Ecke. Ein Leichenwagen ist immer eine Einzelanfertigung. Der Bestatter kauft das Grundmodell von einem Serienwagen und sucht sich dann eine Firma, die aus diesem zunächst normalen Auto einen Leichenwagen baut. Der Bau eines solchen Autos mit allen Extras, die man sich selbst überlegt und die den Arbeitsalltag erleichtern, war also jedes Mal etwas ganz Besonderes. So ein Wagen – vor allen Dingen, wenn man wie mein Vater viele Stunden darin verbrachte – bekommt plötzlich einen ganz hohen Stellenwert. Schon als Kinder fuhren wir gern mit unseren Eltern gemeinsam zu dem Werk, das uns die Leichenwagen gebaut hat. Das waren für uns die schönsten Ausflüge, und meine Eltern haben das immer groß zelebriert. Einmal holten sie uns mit dem Auto von der Schule ab, und wir gingen davon aus, dass wir nach Hause fahren würden. Aber dann nahmen sie plötzlich einen anderen Weg. Als ich anmerkte, dass wir falsch abgebogen wären, meinten sie nur: »Wir wollen nicht nach Hause. Wir haben etwas anderes vor.« Auf weitere Nachfragen ließen sie sich nicht ein, weil sie uns überraschen wollten. Wir fuhren auf die Autobahn in Richtung Bremen. Dort war damals der Aufbauhersteller ansässig, der uns die Wagen baute. Wir verbrachten dort ein ganzes Wochenende, damit meine Eltern vor Ort alles besprechen konnten. Und wir Kinder partizipierten daran, durften diese tollen Werkstätten besichtigen, anschauen und uns erklären lassen. Mein Bruder und ich fanden das phantastisch.

Als ich alt genug war, um nach der Schule eigenständig nach Hause zu gehen und dort auf meine Eltern zu warten, kam eine Besonderheit zum Tragen, die mich und meinen

Bruder mit dem Beruf meiner Eltern auf eine andere Art und Weise in Kontakt kommen ließ. Wir hatten schon sehr früh die Möglichkeit, unser Festnetztelefon umzuleiten. Viele werden das gar nicht mehr wissen, aber es gab eine Zeit, in der die Telefonkommunikation nur sehr eingeschränkt funktionierte und in der es nahezu unmöglich war, Telefonleitungen umzuschalten. In den 1960er Jahren besaßen wir den unglaublichen Luxus, ein Telefonat, das bei uns im Unternehmen in der Innenstadt ankam, sechs oder sieben Kilometer weiterleiten und somit in unserem Wohnhaus entgegennehmen zu können. Um dies möglich zu machen, musste man einen richtigen Kupferdraht mieten, das war also keine Umschaltung in dem Sinne, sondern tatsächlich eine Standleitung. Und so konnten wir zu Hause quasi als Nebenstelle der Innenstadt die Gespräche annehmen. Das war so außergewöhnlich, dass wir das regelmäßig unseren Freunden zeigen mussten. Ich habe noch Fotos von diesem alten Telefon, auf dem man eine Tastenkombination drücken musste, um die Leitung umzuschalten. In der Zentrale blinkten dann kleine Lämpchen. Das alles war handgemacht und wirkt auf den Fotos heute wie aus einer anderen Welt. Wenn meine Eltern in der Innenstadt Feierabend machten, schalteten sie das Telefon um und machten sich auf den Heimweg. Bis sie bei uns zu Hause ankamen, waren wir Kinder dafür zuständig, ans Telefon zu gehen, falls es klingelte. Da saßen also wir Kinder plötzlich in der Bestattungszentrale. Es kam relativ häufig vor, dass wir an dieses Telefon gehen mussten und gewissenhaft aufschrieben, wer anrief, worum es ging und unter welcher Nummer meine Eltern zurückrufen konnten. Wenn es sich dabei um einen akuten Sterbefall handelte, haben wir auch direkt versucht, schon mal ein paar Grunddaten zu erfassen. Wer ist gestorben? Wo ist er gestorben? War der Arzt schon da? Diese klassischen Fragen, die wir schon bei unseren Eltern gehört hatten, wenn wir im Wohnzimmer neben ihnen saßen und plötzlich das Telefon klingelte. Damals standen die Telefone ja immer an der gleichen Stelle, noch mit einem Kabel an der Wand verbunden. Insofern haben wir das ganze Procedere gut mitbekommen und kannten auch schon die Nummern, die dann weitervermittelt wurden, sollte zum Beispiel eine weitere Stelle angerufen werden. Zu dieser Zeit ging ich schon auf die weiterführende Schule, und trotzdem reagierten einige Anrufer verständlicherweise verstört, wenn sie bei ihrem Anruf ein Kind am Apparat hatten. Wir erklärten ihnen, dass meine Eltern das Telefon umgeschaltet hätten, gleich wieder erreichbar wären und in einer Viertelstunde zurückrufen würden. Obwohl wir einigermaßen wussten, was am Telefon zu tun war, hatten wir immer ein mulmiges Gefühl, die Anrufe entgegenzunehmen. Diese Telefonate waren in unserem Alter schon irgendwie furchteinflößend, weil wir nie wussten, was uns erwartete. Einen Vorteil gegenüber unseren gleichaltrigen Freunden hatten wir durch diese Aufgabe: Wir verloren unsere Angst davor, mit fremden Menschen ein Gespräch am Telefon zu beginnen.

Ich habe während meiner Kindheit viele Schulfeste erlebt, bei denen meine Eltern nicht da waren. Wenn wir etwas aufgeführt haben, waren von allen Mitschülern die Eltern anwesend – meine eher selten. Oft hat die Firma es einfach nicht zugelassen. Da gab es keine Planbarkeit, sie waren immer auf dem Sprung. Hatten wir uns vorgenommen, gemeinsam ins Kino zu gehen, war bis zum Schluss nicht klar, ob es denn auch wirklich dazu kommen würde. Passierte etwas in der Firma, hatte das definitiv Vorrang vor allen privaten Aktivitäten. Als Kind hat mich das manchmal schwer enttäuscht und traurig gestimmt. Natürlich hat meine Mutter versucht, uns Kindern zu erklären, warum das so war. Ein oft gehörter Satz war: »Der Papa muss ja auch die Brötchen verdienen.« Aber wenn der Vater in einem Monat nur eine Woche zu Hause und drei Wochen in Italien unterwegs ist – dies auch nicht nur einen Monat im Jahr, sondern fast jeden –, dann ist das als Kind schwer nachzuvollziehen und noch schwerer zu akzeptieren. Daher bin ich sehr empfindlich, wenn es um meine Kinder geht. Sobald sie signalisieren, dass sie mich brauchen, kann ich nicht anders, als alle Termine abzusagen, die ich irgendwie an meine Mitarbeiter abgeben kann. Als ich die Verantwortung im Unternehmen übernahm, habe ich deshalb auch ein paar Dinge geändert – anfangs gegen den Willen meiner Eltern. Ich habe heute im Grunde genommen kein einziges Wochenende Bereitschaftsdienst. Sicher muss man erst einmal gute Mitarbeiter finden und sie motivieren, dass sie auch an einem Wochenende 24 Stunden Rufbereitschaft übernehmen und im Fall der Fälle Arbeitszeit investieren, aber das haben wir Gott sei Dank geschafft. Einmal etabliert, ist das auch überhaupt kein Problem mehr. Mit unserem Unternehmen sind wir noch immer rund um die Uhr erreichbar, aber die Bereitschaftsdienste verteilen sich auf unterschiedliche Schultern. Seitdem ist es wirklich so, dass die Wochenenden meiner Familie oder meinen Hobbys gehören. Im Vergleich zu meinen Eltern, die jeden Tag 24 Stunden persönlich erreichbar waren, ist das eine sehr

komfortable Situation und tut meinem eigenen Familien-
leben sehr gut – wobei ich natürlich im Hintergrund immer
für meine Mitarbeiter erreichbar bin.

Mein Vater hatte sich mit unserem Bestattungsunternehmen auf Auslandsüberführungen spezialisiert, was bis heute nachwirkt. Für mich hat es eindeutig einen Mehrwert,
wenn man den Kulturen, die hier in Deutschland in unserer

**Die abenteuerlichen Reisen zur Überführung
von Verstorbenen begleiten zu dürfen, war für mich
der Impuls, Bestatter zu werden.**

Gesellschaft vertreten sind, in der jeweiligen Heimat noch
einmal ganz anders begegnen kann. Für meinen Vater bedeutete dies, dass er häufig nach Italien, Portugal, Spanien,
England oder sonst wohin fuhr, um Verstorbene zu ihrer
letzten Ruhestätte zu bringen. Als ich etwas älter wurde, ich
schätze irgendwann im Alter von zwölf bis sechzehn Jahren,
durfte ich meinen Vater in meinen Ferien auf diesen Reisen
begleiten und war begeistert von meinem Urlaub als Bei-
fahrer. Sowohl mein Vater als auch ich profitierten davon –
eine klassische Win-win-Situation. Mein Vater hatte auf
der Fahrt ein wenig Abwechslung, und ich hatte ein wenig
mehr von meinem Vater. Auf dem Rückweg nahmen wir
uns gerne einen halben Tag Zeit und sahen uns irgendetwas
Schönes an, das auf unserem Weg lag. Wir waren auch mal
vier, fünf Tage unterwegs nach Sizilien, eine herrlich lange Strecke. Am Ende setzten wir mit dem Schiff über, was
für mich in dem Alter eine großartige Erfahrung war. Ich
war beeindruckt, wo sich mein Vater überall zurechtfand,
weil es für ihn zur Arbeitsroutine gehörte. Damals gab es

ja noch keine Navigationssysteme oder Handys. Wir haben noch mit einem Beutel voller Münzen vor einer Telefonzelle gestanden, um daheim Bescheid zu sagen, dass es uns gutgeht, oder um geschäftliche Dinge zu regeln.

Ich genoss dieses Fahren, dieses Herumkommen und diese vielen fremden Menschen. Alles andere, was mit dem Beruf des Bestatters zu tun hatte, war mir inzwischen bekannt, und ich vermutete, dass er mir auch Spaß machen würde – sicher war ich mir darüber damals noch nicht –, aber diese Überführungen und diese besonderen Bestattungen, die hatten es mir angetan. Die Beerdigungen, die etwas aufwendiger waren als die üblichen, motivierten mich mehr und mehr, diesen Beruf zu ergreifen. Worüber ich mir von Beginn an sicher war – und davon bin ich bis heute überzeugt –, ist, dass dieser Beruf absolut meinem Wesen und meinem Selbst entspricht.

Was in Anbetracht des Berufs meiner Eltern für Außenstehende vielleicht ein bisschen merkwürdig anmutet, war ihre Einstellung zu der Frage, ob man Kinder mit zu Beerdigungen nehmen sollte oder besser nicht. In ihren Augen sollten Kinder nämlich nichts mit dem Tod zu tun haben und im besten Fall gar nicht mit ihm in Berührung kommen. Insofern durften wir Kinder viele Jahre nicht mit zu einer Beerdigung gehen, wenn jemand aus unserer eigenen Familie gestorben war. Mit meinen Eltern habe ich nie wirklich darüber gesprochen, aber ich denke, dass zur damaligen Zeit über diesen Widerspruch nicht weiter nachgedacht wurde. Es war die Zeit der Verdrängung, die bis heute Spuren hinterlassen hat. In Köln haben wir zum Beispiel 58 Friedhöfe mit unzähligen Trauerhallen. Aber auf keinem dieser Friedhöfe gibt es einen vernünftigen Abschiedsraum, in dem sich ein Sarg offen aufbahren ließe. Für mich ist das ein Ausdruck der beschriebenen Verdrängungsmentalität aus einer vergangenen Zeit. Die Abschiednahme von Verstorbenen am offenen Sarg gab es nach dem Krieg einfach nicht mehr. Als mein Lieblings-Opa starb, genau der, dessen Büro in unserem Geschäftshaus bis heute erhalten ist, war ich noch im Grundschulalter. Meine Eltern entschieden sich damals dazu, mich nicht mit zu seiner Beerdigung zu nehmen, weil sich das für Kinder nicht schickte. Für mich war das durchaus schwierig. Mich nicht von meinem geliebten Opa verabschieden zu können, empfand ich als traurig und schlimm. Im Nachhinein ist vielleicht auch das ein Puzzlestück, das mich in den Beruf des Bestatters geführt hat, weil dieses Ereignis noch einmal eine ganz andere Neugier in mir provozierte.

Meine Patentante starb ungefähr zur gleichen Zeit wie mein Großvater an einer Lungenembolie nach einer Bandscheibenoperation. Sie war gerade einmal Mitte dreißig, und ihr Tod erwischte die ganze Familie vollkommen über-

Als ich achtzehn war, hatte ich den ersten Kontakt zu Verstorbenen.

raschend. Aber auch zu ihrer Beerdigung durfte ich nicht gehen, obwohl sie meine Patentante war und wir ein enges Verhältnis hatten. Absurderweise ging ich aber im gleichen Alter bereits zu Beerdigungen, die mich nicht persönlich betrafen, und kehrte dort Teppiche. Ich hielt mich regelmäßig auf dem Friedhof auf, wusste genau, was bei einer Bestattung passiert, und kannte alle Abläufe in und auswendig. Ich hatte auch schon einige Gräber gesehen und gepflegt. Nur an diesen bestimmten Tagen, der Beerdigung meines Opas und der meiner Patentante, durfte ich nicht dabei sein. Das fühlte sich für mich als Kind irgendwie grausam an.

Mein Vater sagte immer: »Bevor du nicht achtzehn Jahre alt bist, machst du hier gar nichts mit Verstorbenen.« Und das hat er auch durchgehalten. Erst als ich eine Ausbildung begann und zur Handelsschule ging, bekam ich meine erste Tote – eine ältere Dame – zu sehen. Während der Handelsschule hatte ich damit angefangen, im elterlichen Betrieb nicht mehr nur als Ferienaushilfe zu arbeiten. Irgendwann war der Tag gekommen, an dem ich meine erste Abholung machen sollte. Ich weiß noch genau, wie und wo das war. Die Verstorbene war in einem ganz einfachen Altenheim abzuholen, in dem es keine Räume für Verstorbene gab. Sie wurden zunächst ins Badezimmer geschoben und dann vom Badezimmer aus ins Treppenhaus. Hier machte der Bestatter dann die Einsargung. Ich kann mich noch genau an diese Situation im Treppenhaus erinnern. Damals arbeitete man noch nicht mit Handschuhen und Mundschutz, wie es heute üblich ist. In der heutigen Zeit findet unsere Arbeit auf einem extrem hohen hygienischen Niveau statt. Das war damals noch anders. Wir trugen gerade mal Handschuhe aus dünnem Cellophan, die man sich wie diese durchsichtigen Plastiktüten aus den Gemüseabteilungen der großen Supermarktketten vorstellen kann. Mit diesen einen toten Menschen zu berühren war anfangs sehr merkwürdig für mich. Die fehlende Körpertemperatur und die Leichenstarre zu spüren war eine neue Erfahrung. Ich kann mich heute noch gut an das erste Mal erinnern, und es hatte etwas sehr Surreales. Auch der

Geruch war speziell und zu Beginn gewöhnungsbedürftig. Auch an diesen kann ich mich noch heute sehr gut erinnern, und wenn ich an die damalige Situation denke, steigt er mir wieder in die Nase.

KINDER GEHÖREN DAZU –
AUCH BEIM STERBEN

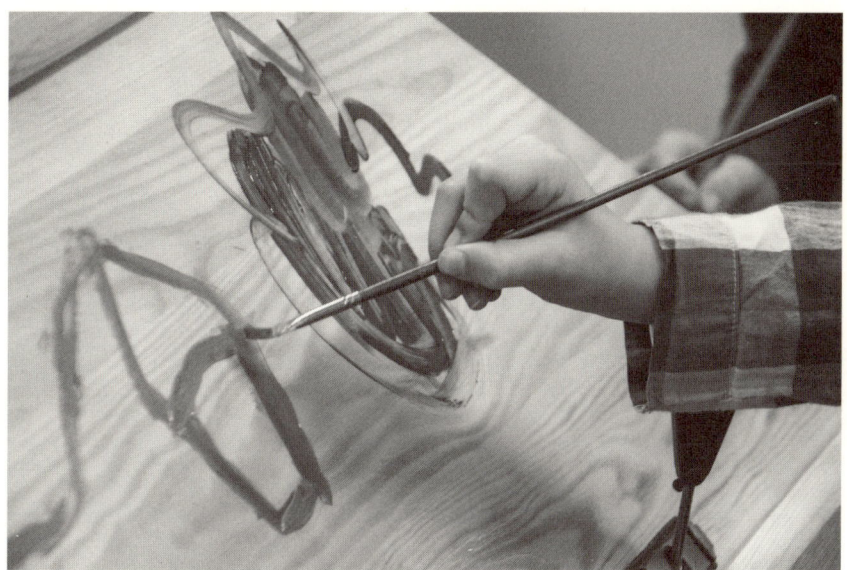

Wenn innerhalb eines Familienverbunds ein einschneidendes Ereignis, egal welcher Art, stattfindet, dann sind emotional alle Mitglieder dieser Familie betroffen. Bei den positiven Lebensereignissen werden in der Regel alle mit einbezogen. Feiert jemand Geburtstag, heiratet jemand oder wird ein Kind geboren, dann feiern selbstverständlich auch die Kinder der Familie dieses freudige Ereignis mit. Bei den negativen Ereignissen sieht das allerdings ganz anders aus. Lässt sich jemand aus der Familie scheiden, wird schon nicht mehr ganz so gerne offen darüber gesprochen – und häufig am wenigsten mit den Kindern. Weder mit den eigenen noch mit den Kindern der anderen Familien, also Neffen, Nichten oder Enkeln.

In unserer Gesellschaft lassen wir unsere Kinder immer wieder außen vor, wenn es um negative Gefühle geht. Sie müssen sich die Situationen dann irgendwie selbst erarbeiten. Warum ist die geliebte lustige Tante nicht mehr da? Warum gibt es hier plötzlich eine neue Tante? Die eigenständige Beantwortung solcher Fragen ist für ein Kind keine leichte Aufgabe. Bei einem Todesfall potenziert sich dieses Problem dramatisch. Dabei könnte es durchaus auch für die Erwachsenen hilfreich sein, wenn sie solche Situationen mit ihren Kindern besprechen würden. Während man alles noch einmal durchgeht und kindgerecht durchdenkt, verarbeitet man ja auch selbst etwas für sich auf eine ganz andere Art und Weise. Die Kinder stellen Fragen und plötzlich merkt man, dass die reflektierte Auseinandersetzung auch guttun kann. Im Todesfall ist es dabei noch extremer als bei einer Trennung, denn durch ihre kindliche Neugier und durch ihre ganz einfache Sicht auf die Dinge entschärfen Kinder oftmals die Situation. Das kann häufig ebenso entwaffnend wie tröstlich sein.

In unserer Patchwork-Familie haben wir zwei Töchter, die jetzt vierzehn und achtzehn Jahre alt sind. Die Achtzehnjährige hat einen neunzehnjährigen Freund, und natürlich gehen die beiden Mädchen am Wochenende auch mal aus. Ich kenne das Bedürfnis sehr gut, die eige-

Vor der Begegnung mit dem Tod kann ich niemanden schützen – auch keine Kinder.

nen Kinder schützen zu wollen. Meiner Meinung nach kann ich sie hoffentlich stark machen und sensibilisieren. Aber beschützen kann ich sie nicht immer, und in gewisser Weise müssen sie auch ihre eigenen Erfahrungen machen. Je stärker ich meine Kinder beschütze, desto weniger entwickeln sich ihr eigenes Selbstvertrauen und ihre ureigenen Schutzmechanismen. Wenn ständig ein Elternteil in der Nähe ist und aufpasst, kann kein Kind lernen, Situationen selbst einzuschätzen. Bestimmte Erfahrungen müssen einfach gemacht werden, und dazu gehören meiner Meinung nach auch die unangenehmen Erfahrungen. Und vor dem Tod und dem Sterben ist grundsätzlich kein Mensch zu schützen. Das ist nun mal die einzige große Wahrheit, denn spätestens wenn die eigenen Eltern versterben, müssen sich die Kinder mit diesem Thema beschäftigen – und wäre man dann nicht lieber im Vorhinein schon mal in solch einer Situation bei ihnen gewesen und hätte das Ganze zusammen durchgestanden? Dann wüsste man, dass sie später nicht überfordert wären und die richtigen Entscheidungen treffen könnten. Seine Kinder vor allen möglichen negativen Erfahrungen zu schützen ist also nicht der richtige Ansatz – auch nicht dann, wenn der Tod ins Leben tritt. Daher kann es nur positiv sein, wenn diese Erfahrungen früh zugelassen werden und mit dem Tod möglichst natürlich umgegangen wird.

Familien kommen häufig mit der Vorstellung zu mir, dass sie ihren Kindern ein Buch zum Thema Tod kaufen und ihnen damit erklären können, dass die eigene Oma nicht mehr da ist. Sie fragen mich nach geeigneten Büchern und entsprechender Lektüre. Mein Gegenvorschlag lautet in der Regel, dass sie doch ihre Kinder zur Abschiednahme mitnehmen und die Kinder die Oma auch gerne mal anfassen könnten. Da ist nämlich nichts Schlimmes dran. Es ist einfach die tote Oma. Und alleine diese Erfahrung machen zu dürfen beantwortet ganz viele Fragen der Kinder. Sie können dann selbst spüren, dass dort keine Temperatur, keine Wärme mehr ist. Merken, dass sich die Haut anders anfühlt. Davor braucht man niemanden zu schützen, weil es etwas ganz Natürliches ist, das zu unserem Leben dazugehört.

Ich versuche immer diesen Faden genauso aufzunehmen und schon im Beratungsgespräch die Kinder miteinzubeziehen. Manchmal höre ich sie im Nachbarzimmer spielen und biete dann direkt an, dass man sie auch dazuholen kann. Die Kinder könnten beispielsweise dabei helfen, den Sarg für ihre Oma mit auszusuchen, darüber entscheiden, welche Blumen für den Blumenschmuck gewählt werden oder welche Musik auf der Beerdigung gespielt werden soll. Manchmal kennen die Enkelkinder den aktuellen Musikgeschmack der Oma sogar besser als die eigenen Kinder. In diesen Fällen sind sie plötzlich die Ratgeber und mischen sich ein. Die junge Generation ist heute ja auch um einiges selbstbewusster innerhalb des Familienverbundes, als wir das in dem Alter waren. Kinder bereichern während eines Beratungsgesprächs die Atmosphäre mit ihrer bloßen Anwesenheit und sie lockern die Situation, weil sie ungestümer und offener in ihren Äußerungen sind als ihre Eltern. Sie fragen Sachen, die ihre Eltern nie fragen würden. Oftmals heißt es dann von den Erwachsenen nach einer ersten Entschuldigung für die offene Frage ihres Kindes: »Das hätte ich auch gerne gefragt. Aber ich hab mich nicht getraut.«

Es gibt beim Abschiednehmen einen Punkt, der für viele Erwachsene extrem schwierig ist: Die Familie hat sich am offenen Sarg verabschiedet. Dabei wurde gebetet, gesungen, und alle stehen gemeinsam am Sarg. Eigentlich wären jetzt alle dazu bereit zu gehen, aber keiner traut sich, als Erster loszugehen. Viele Menschen vergessen, dass das eben nicht wie bei einem Zug ist, der einfach losfährt. Bei einer Abschiednahme muss man den letzten Abschied selbst herbeiführen. Das ist furchtbar schwierig. Sind in dieser Situation Kinder anwesend, kommt aber vielleicht irgendwann die Frage: »Ihr habt mir doch versprochen, dass wir noch zu McDonald's gehen. Wann gehen wir denn endlich?« Und plötzlich lachen alle, und die traurige Situation löst sich ein wenig.

Kinder verbalisieren die Dinge ganz anders und kommunizieren direkter. Wir Erwachsenen fassen die tote Oma an und denken, dass sich das merkwürdig anfühlt, sagen es aber nicht. Aus Angst davor, etwas Falsches zu sagen, machen wir das, was uns verstört, mit uns selbst aus. Ein Kind macht den Mund auf und spricht aus, was es irritiert. »Warum hat denn die Oma jetzt ihre Lesebrille nicht auf der Nase?« Solche Fragen tun unterm Strich allen gut. Und Kinder können eben nur verstehen, was passiert ist, wenn sie von den Erwachsenen mitgenommen werden. Warum sind Mama und Papa jetzt so traurig? Wieso weint der Opa? Warum sind auf einmal alle so still? Werden die Kinder bei der Beerdigung zu Hause gelassen, wissen sie gar nicht, um was es gerade geht. Sie werden in diesem wichtigen emotionalen Moment ausgesperrt und bleiben mit offenen Fragen allein zurück.

Bei einer Bestattung liefen einmal mehrere kleinere und größere Kinder um den Sarg herum, als wir zum Grab gingen, und ich dachte mir im Stillen, dass sie aber sehr wenig Berührungsängste haben, und war gespannt darauf, wie sie sich am Grab verhalten würden. Die Kinder gingen aber am

Wenn Kinder zu einer Beerdigung mitgebracht werden, merke ich oft, dass ihre Anwesenheit auch den Erwachsenen guttut.

Grab vorbei, setzten sich ein bisschen weiter entfernt auf die Erde und verfolgten die Rede des Pfarrers von dort aus. Als der Sarg bereits ins Grab gesenkt war und ein Moment der Andacht und der Stille entstand, fragte eines der Kinder ganz laut: »Was steht denn da auf der Schleife?« Ein anderes Kind erwiderte: »Wer das liest, ist doof.« Da mussten natürlich der Pfarrer und die gesamte Trauergesellschaft schmunzeln. Auch meine Tochter hat während der Beerdigung ihrer Mutter irgendwann einfach angefangen, mit ihrer Freundin am Grab Nachlaufen zu spielen. Ich habe bisher nie mit ihr darüber gesprochen. Natürlich gab es ein paar böse Blicke, aber ich habe die beiden gelassen. Nach all den traurigen Momenten während der sehr emotionalen Trauerfeier hat sie in diesem Augenblick einfach wieder ein Stück Normalität gebraucht.

Wenn wir mit den Angehörigen von Verstorbenen über eine Abschiednahme am offenen Sarg sprechen, dann achten wir sehr genau auf unsere Wortwahl. Wie vermeiden Sätze zu sagen wie beispielsweise: »Wollen Sie Ihre Mutter noch mal sehen?« »Ja, am liebsten tanzend« – so oder ähnlich könnte die ehrliche Antwort lauten. Das ist im Grunde eine falsche Frage. Keiner fährt zu seiner Mutter, um sie anzuschauen – sondern um mit ihr zu reden. Das geht aber nach dem Tod nicht mehr. Deswegen versuchen wir mit Bedacht zu formulieren und mit einer anderen Form der Kommunikation zu werben. Wir sprechen dann lieber von »besuchen« statt »sehen«. Und wenn jemandem noch etwas auf der Seele liegt, dann kann er oder sie vielleicht noch einen Brief schreiben und ihn der Mutter bei der Abschiednahme mit in den offenen Sarg legen. Diese Möglichkeit stellen wir natürlich auch den Enkeln frei. Vielleicht möchten sie ein Bild malen oder der Oma noch ein Stofftier mitgeben. Mich hat einmal ein Mädchen sehr berührt, das ihrer Oma ein Foto von ihrem Freund mitgegeben hat, weil die Oma ihn nicht mehr hatte kennenlernen können. Die Oma war zu der Zeit schon sehr krank und bekam von der frischen Liebe nichts mehr mit, weshalb ihre Enkelin das Foto von dem Freund mit in den Sarg legte. Mir beweist diese Geschichte, welchen Wert eine Abschiednahme haben und welche Art von Kommunikation noch stattfinden kann. Auch viele erwachsene Kinder können unter Umständen so noch einmal aufarbeiten, was vielleicht zwanzig Jahre oder länger in der Vergangenheit zurückliegt, weshalb sie beispielsweise eine Zeitlang nur noch getrennte Wege gegangen sind und der Kontakt zu ihren Eltern erloschen war. Das noch einmal aufzuschreiben und den Weg noch einmal zu rekapitulieren kann helfen und heilen. Es kann die Hinterbliebenen dabei unterstützen, Schuldgefühle loszuwerden und sich frei verabschieden zu können. Deswegen ist das ein großes Angebot, das man nicht allzu leichtfertig ausschlagen sollte, und aus demselben Grund gehören auch Kinder mit dazu. Kinder merken sowieso, was passiert ist, und eine offene Kommunikation bereits zu Lebzeiten ist immer das Beste für alle Beteiligten. Dann kommt man vielleicht erst gar nicht in die Situation, einen Brief schreiben zu müssen, um alte Geschichten klären zu können, sondern kann sich ganz frei am Ende des Lebens von seinen geliebten Menschen verabschieden.

Zu den Momenten, die auch uns Bestatter oftmals an die eigenen Grenzen bringen, gehört mit Sicherheit der Tod von Kindern. Ich werde zum Beispiel die Bestattung eines Kindes nie vergessen, das nach einem Krebsleiden in einem Krankenhaus gestorben war. Die Familie wollte ihr Kind vor der Beerdigung noch einmal nach Hause holen, weil sie ihm das versprochen hatte, was tatsächlich sehr häufig vorkommt. In diesem Rahmen konnten sich dann alle, auch die Freunde und Verwandten, noch einmal verabschieden. Bis hierhin war die Situation für mich zwar schwer zu ertragen, aber doch handhabbar. Als aber am Ende der Verabschiedung der Vater mit dem Kind auf dem Arm die Treppe herunterkam, um es in den Sarg zu legen, da musste dann auch ich kapitulieren. In solchen Momenten sind auch wir Bestatter nur Menschen. Da darf man ruhig mal Gefühle zeigen, das gehört auch dorthin. Mir persönlich hilft hier die Erfahrung, dass trauernde Eltern wieder Lebensmut fassen können. Dass sie wieder lachen werden – auch wenn ihr Kind ihnen jeden Tag in ihrem Leben fehlen wird.

Es ist schon sehr schwer und anspruchsvoll, eine Familie zu betreuen, die von einem Kind Abschied nehmen muss, das aufgrund einer langen Krankheit verstorben ist. Durch eine gute Begleitung bereits vor dem Tod ist in diesen Fällen aber meist schon eine Basis für eine erfolgreiche Trauerarbeit oder die Gestaltung eines guten Abschieds bereitet. Anders ist es, wenn der Tod plötzlich und unvermittelt ein Kind aus der Mitte der Familie reißt. Es ist immer schwer, wenn ein solches Ereignis ohne Vorwarnung eintritt, aber beim Tod eines Kindes potenziert sich die Belastung. Auch ist der Kreis der Betroffenen beispielsweise durch einen Verkehrsunfall schlagartig größer und kann durch die mediale Begleitung ganze Gemeinden, Städte oder Nationen erfassen. Hier ist der Bestatter ganz besonders gefordert. Er muss einerseits den Eltern, den Familien Halt bieten und sie begleiten, anderseits muss er aber auch die perfekte Organisation der Abschiedsfeier gewährleisten, an formale Hintergründe und profane Formalitäten denken, Kontakt mit Polizei und Rechtsmedizin halten sowie mit eigener Kreativität die Eltern darin unterstützen, einen individuellen Weg des Abschieds zu finden. Daneben ist es auch wichtig, den schon beschriebenen erweiterten Kreis der Trauernden »mitzunehmen«.

Ich erinnere mich an einen Fall, bei dem die Eltern auf der

Trauerfeier ihres verunglückten Kindes gemeinsam eine Ansprache hielten. Das war emotional und sehr angemessen. Jeder anwesende Trauergast wurde für den Moment dieser Rede Teil der Familie. Anschließend stand die Schwester des verstorbenen Kindes auf und begann ebenfalls zu reden. Sie hielt eine fast zwanzigminütige Ansprache. Dabei ließ sie ihren Emotionen freien Lauf. Tränenreich, aber mit lauter und fester Stimme stellte sie in ihrer kindlichen Klarheit dabei immer wieder die Frage nach dem »Warum«. Sie schilderte die Situation aus ihrer eigenen Sicht – in ihrer Muttersprache. Ich bin sicher, dass nicht alle Trauergäste ihre Rede bis ins Einzelne verstanden haben, aber das waren Minuten, die keiner der Anwesenden jemals in seinem Leben vergessen wird. Ich hatte den Eindruck, dass mit jedem Wort die große Trauerhalle immer kleiner wurde. Aus dem Saal wurde ein Zimmer, und die Menschen waren in ihren Emotionen vereint.

Mit Kindern etwas zu gestalten macht mir große Freude. Im Rahmen von Projektwochen arbeiten wir gerne auch mal mit Schulen zusammen. Um Kinder auf einen Besuch im Bestattungsunternehmen vorzubereiten, nutzen wir den sogenannten Museumskoffer. Diese große bunt bemalte Box, die geformt ist wie ein Sarg, wurde vom Museum für Sepulkralkultur in Kassel entwickelt. Darin enthalten ist alles, was eine Schulklasse für eine Projektwoche benötigt. Wir haben den Inhalt noch ein wenig individualisiert und dem Grundschulalter angepasst, da manche Sachen für uns nicht in diese Altersklasse passten. In dem Museumskoffer findet sich Material zum Stempeln und zum Malen. Damit lassen sich beispielsweise Trauerdrucksachen entwerfen. Auch eine Urne sowie ein künstlicher Trauerkranz sind in dem Koffer enthalten. Es gibt Accessoires und Kostüme, mit denen man Rollenspiele spielen kann. Da ist wirklich alles enthalten, mit dem man als Bestatter tagtäglich in Berührung kommt – nur eben in kindgerechter Ausführung. Der Besuch der Kinder in unserem Bestattungsinstitut erhält dadurch ein richtiges Konzept. Sie können dann mit unseren Räumen und mit dem, was wir tun, direkt etwas anfangen und alles richtig zuordnen.

Vor kurzer Zeit erst haben wir wieder am Ende solch einer Projektwoche einen kleinen Workshop in unserem Betrieb

»Das haben wir aber schön gemacht!
Darf ich mich da jetzt auch mal reinlegen?« –
Kinder besuchen mich im Bestattungsinstitut.

organisiert. Uns ging es darum, den Kindern einen handwerklichen Teil unserer Arbeit vorzustellen. Ansonsten ist es ja doch ein bisschen schwierig, ihnen einen »echten« Arbeitsschritt in unserem Bestattungsinstitut zu zeigen. Unsere Idee war, dass die Kinder Särge vorbereiten sollten, die noch keine Innenausstattung hatten. Wir bildeten Gruppen, und ich begann mit den Jungen, alles in den Sarg zu tackern, was notwendig ist – erst eine Folie und später eine schöne Matratze. Als wir fertig waren, durften alle das Innenleben des Sargs einmal anfassen und fühlen, wie weich die Matratze darin war. Ich setzte mich einen Moment hin und schaute unsere fertige Arbeit an. Da platzierte sich ein kleines Kerlchen neben mich und sagte: »Das haben wir aber schön gemacht! Darf ich mich da jetzt auch mal reinlegen?« Nach Rücksprache mit den Lehrern haben wir das dann wirklich gemacht. Alle mussten ihre Schuhe ausziehen, eine Reihe bilden, und dann durfte sich einer nach dem anderen kurz in den Sarg legen. Das war eine richtig positive Erfahrung, um im Umgang mit dem Tod die Schwellenangst zu verlieren. Ein paar der Kinder brachten auch Vorerfahrung mit, was mich besonders freute, da es mir zeigte, dass der Tod nicht vor ihnen verheimlicht wurde. Eines der Kinder hatte zum Beispiel vor zwei Jahren seinen Vater verloren. Dieser Verlust war noch sehr präsent und kam im Rahmen unseres Workshops zur Sprache. Das war eine sehr intensive Erfahrung und unglaublich wertvoll für alle Teilnehmer. Selbst ich bekam noch einmal eine völlig neue Erdung, weil die Kinder so unvoreingenommen und so neugierig auf diese Themen zugingen. Sie waren richtig gut vorbereitet und hatten sich im Vorfeld bereits einige Gedanken über die Projektwoche hinaus gemacht. Beispielsweise fragten sie mich, ob mir das Spaß macht, was ich tue, und wie ich das alles verarbeiten würde, was ich zu sehen bekomme. Sie stellten mir natürlich auch ganz banale Fragen, die ein Erwachsener vermutlich so nicht fragen würde. Eines der Kinder wollte wissen, ob es manchmal auch nicht so besonders gut riechen würde. Bei diesen Themenwochen und dem Besuch der Kinder in unserem Bestattungshaus muss man auch immer ein wenig vorsichtig sein, denn sie wollen natürlich immer alles sehen und würden gerne in jeden einzelnen Winkel einmal ihre Nase stecken. Aber das geht natürlich nicht – Verstorbene gibt es bei so einer Führung zum Beispiel nicht zu sehen, denn hier würde ja der wichtige persönliche Bezug fehlen.

Im Gegensatz zu Kindern schleppen Erwachsene stets ihre eigenen Erfahrungen und Ängste mit sich herum. Ich bin jedes Mal wieder überrascht darüber, wie sehr der Tod auch heute noch ein Tabuthema ist. Für viele Menschen ist er ein solches Tabu, dass sie ihn mit niemandem – nicht einmal mit ihren Partnern – besprechen können. Es existieren Berührungsängste, die man nur mit sich selbst ausmacht.

Für viele Menschen ist der Tod ein solches Tabu, dass sie ihn mit niemandem, nicht einmal mit ihrem Partner, besprechen können – außer mit mir.

Das führt oftmals dazu, dass man den Kontakt mit diesen Themen ganz vermeidet. Und das haben Kinder einfach nicht. Sie haben eine kindliche Neugierde, betrachten das Thema spielerisch und gehen ganz offen damit um. Den Kindern, die bei uns in den Betrieb schnuppern, sage ich immer: »Sollte jetzt mal irgendetwas in eurer Familie passieren und jemand stirbt, sei es auch nur eure Katze oder euer Wellensittich, dann seid ihr die Profis, denn ihr wisst jetzt schon viel mehr über den Tod als eure Eltern!«

Besonders interessant finde ich, wie nah die Themen Tod und Trennung beieinander liegen. Als wir zu Beginn der letzten Projektwoche mit den Kindern über Abschied und Trauer sprachen, haben sie das mit ihren eigenen Erfahrungen aus den Trennungsgeschichten ihrer Eltern angereichert. Und sie haben recht damit, denn Abschied ist ja nicht nur mit dem Tod verbunden. Die Mechanismen hinter beiden Themen sind die gleichen. Auch bei einer Trennung muss eine gewisse Art von Trauerarbeit geleistet werden. Deshalb kann so eine Projektwoche durchaus die Kinder auch in ihrem aktuellen Alltag unterstützen und nicht nur dann hilfreich sein, wenn in zwanzig Jahren vielleicht die eigene Oma stirbt.

In der Trauerpsychologie wurden verschiedene Modelle entwickelt, um zu erklären, wie wir Menschen trauern und Abschied nehmen. Es gibt ein sehr bekanntes Trauermodell von Elisabeth Kübler-Ross, das sich sehr mit meinen eigenen Erfahrungen deckt und das ich für mich selbst auch sehr gut anwenden kann. Darin wird eine Phase des Nicht-wahrhaben-Wollens und der Verleugnung beschrieben, die oftmals gleich zu Beginn eines Trauerprozesses eintritt. Um Trauer oder eben auch eine Trennung zu verarbeiten, muss man zunächst einmal durch diese Schockphase hindurchgehen und das akzeptieren, was geschehen ist. Wenn diese Phase nicht erfolgt, dann kann man mit noch so viel Vernunft und Logik versuchen, weiterzugehen und weiterzuleben, es wird einem aber nicht gelingen. Man muss erst einmal die Situation verstehen und begreifen, dass man aus seiner heilen Welt herausgerissen wurde. Und das ist bei einer Trennung genau das Gleiche wie bei einem Todesfall. Man muss sich der neuen Situation öffnen, darf sich ihr nicht verschließen und muss Emotionen zulassen. In dieser Situation arbeitet das Gefühl gegen die eigene Ratio des Verstandes, und das ist eine sehr vertrackte Situation. Deshalb ist es auch so schwierig, einer Freundin, die gerade ihren Mann verloren hat, zu sagen, dass sie mal wieder unter Leute gehen und etwas Positives erleben müsse. Wenn sie dazu noch nicht bereit ist, dann macht dieser Rat überhaupt keinen Sinn. Falls sie aber in ihrer Trauerarbeit schon vorangekommen ist, dann kommt dieser Schritt irgendwann von ganz alleine. Dann beginnt schrittweise ein neuer Lebensabschnitt und die langsame Rückkehr in ein »normales« Leben. Darüber müssen wir uns bewusst sein, bevor wir gutgemeinte Ratschläge geben.

Die unterschiedlichen Phasen des Abschiednehmens begleiten uns Menschen auch, wenn es irgendwann darum geht, das eigene Leben loslassen zu müssen. Wenn ein Mensch realisiert, dass es zu Ende geht, dann ist das ebenfalls eine Art von Trauer und eine Art von Abschied. Wahrscheinlich sogar die schwierigste überhaupt im Leben. Bei jeder anderen Trauer weiß man insgeheim, dass irgendwo im Dunkeln ein Licht am Ende des Tunnels wartet, dass es irgendwann wieder eine Perspektive geben wird, auch wenn man sie zu Beginn noch nicht sehen kann. Bei seinem eigenen Tod aber lässt man alles zurück. Und dieses Zurücklassen ist, glaube ich, ganz entscheidend. Im Zuge eines

Wenn ein Mensch realisiert, dass es zu Ende geht, dann ist das ebenfalls eine Art von Trauer und eine Art von Abschied. Ich glaube, es ist die schwierigste Art überhaupt.

Seminars über Sterbebegleitung habe ich mich intensiv mit den folgenden Fragen beschäftigt: Wie sieht der Mensch, der gehen muss, sich eigentlich selbst? Ab welchem Zeitpunkt kann er loslassen? Warum können manche besser loslassen als andere?

Es gibt Menschen, die gehen schnell und friedlich. Andere wiederum kämpfen wochenlang und können einfach nicht sterben. Es gibt viele solcher Geschichten, in denen eine Ehefrau ununterbrochen über Tage hinweg am Sterbebett ihres Mannes sitzt, bis zu dem Moment, in dem der Arzt zu ihr sagt, dass sie doch mal in die Kantine etwas essen gehen soll. Und genau dann, wenn sie weg ist, stirbt ihr Mann. Umgekehrt gibt es das natürlich auch. Da liegt eine Frau im Sterben und kann nicht loslassen. Aber in dem Moment, als ihr Sohn zur Tür hereinkommt, da stirbt sie. Ich glaube tatsächlich, dass wir Menschen in vielen Fällen über unseren Willen beeinflussen können, was am Ende passiert. Für mich als Bestatter sind solche Erfahrungen, die mich über den Tellerrand hinausschauen lassen, ungemein wertvoll. In den vergangenen Jahren hat sich Gott sei Dank wieder ein Bewusstsein über diese Zusammenhänge entwickelt. Dies haben wir auch der Hospiz- und Palliativmedizin zu verdanken. Natürlich wusste auch der Arzt, der die Frau in die Kantine schickte, dass ihr Mann nicht sterben konnte, solange sie an seinem Bett sitzt. Früher begleiteten die Familien ihre Verwandten in den Tod. Da wusste vielleicht die Tante um diese Mechanismen, weil sie schon den Onkel und den Großonkel bis zum Tode gepflegt hatte, und konnte sie innerhalb der Familie weitergeben. Diesen Zugang haben wir über die Zeit verloren, weil wir den Tod immer häufiger ausgelagert haben, bis er gar nicht mehr vor unseren Augen stattfand. Umso lobenswerter finde ich es, dass sich inzwischen bestimmte Institutionen wieder mit diesen Zusammenhängen beschäftigen und sie weitertragen.

LEHRJAHRE

Mein Vater sagte immer: »Ich erwarte nicht, dass du auch Bestatter wirst. Aber wenn du das möchtest, freue ich mich.« Ihm war wichtig, dass ich (und natürlich auch mein Bruder) zunächst einmal einen Beruf erlernen würde, der nichts mit der Branche zu tun hatte, in der er arbeitete. Daher entschied ich mich zunächst, bei einem Schreiner berufliche Erfahrungen zu sammeln und begann dort ein Praktikum. Schnell stellte sich heraus, dass das nicht so ganz meine Welt war. Als Kind schon hatte ich mit Asthma und einigen Allergien zu kämpfen, hier nun waren es der Holzstaub und die Sägespäne, die mir zu schaffen machten. Außerdem arbeiteten in dem Schreinerbetrieb nur alte Männer, die in ihren Pausen ständig Skat miteinander spielten. Mit ihnen kam ich nicht besonders gut klar, weil sie in einer anderen Welt lebten. Mein Vater sagte mir daraufhin, dass ich mir einfach einen Beruf aussuchen solle, der mir Spaß machen könnte. Wenn es mir am Ende nicht gefallen würde, dann wäre der Rückweg in den Familienbetrieb immer noch möglich. Daraufhin habe ich genau das gemacht, worauf ich Lust hatte. Schon immer hatte ich gerne mit Baukästen gearbeitet und Dinge konstruiert, zusammengebaut und -gelötet. So fiel meine Wahl auf eine Ausbildung zum Energieanlagenelektroniker. Doch auch hier war schnell klar, dass das nicht mein Weg sein würde. Aus der Firma meiner Eltern war ich schnelle Umsetzungsprozesse gewohnt. Dort gab es einen Chef, und es gab Mitarbeiter. Wenn der Chef sagte, er hätte eine Idee und ab sofort würde alles links herum gemacht, dann wurde daraufhin auch alles links herum ausgeführt. Das war eine ganz klare Sache. Plötzlich fand ich mich bei unserem Energieversorger in Köln wieder, einem riesigen Konzern mit einer Vielzahl an vorgegebenen Hierarchien und unzähligen Meistern, die über einem standen. Hatte man hier eine gute Idee, dann klaute sie im Zweifel jemand und gab sie als seine eigene aus. Es war eine tolle Ausbildung auf wirklich hohem Niveau, aber dieses eigenverantwortliche Arbeiten, das ich kannte, war dort nicht gefragt. Und obwohl es grundsätzlich eine gute Kameradschaft gab, hat mir die Arbeitsatmosphäre nicht gefallen. Heute sage ich manchmal, dass diese Ausbildung mein persönlicher Ersatz für die Bundeswehr und eine gute Schule für mein weiteres Leben war. Wenn bei meiner Ausbildung dem Meister irgendetwas nicht gefallen hatte, dann musste ich Spinde schrubben, die Werkstatt kehren oder irgendetwas in dieser Richtung machen. Ich bin jeden Tag zur Arbeit gefahren und wusste sehr genau, dass ich dort nicht alt werden würde. Sobald ich die Prüfung in der Tasche hätte, würde ich weg sein. Als sich das Ende meiner Ausbildung näherte, ging ich zu meinem Vater und kündigte meine Rückkehr ins Familienunternehmen an. Gemeinsam besprachen wir, was ich zu tun hatte, um meinen Einstieg als Bestatter optimal gestalten zu können, denn damals war Bestatter noch kein Ausbildungsberuf. Mein Vater sorgte dafür, dass ich noch eine Handelsschulausbildung absolvieren konnte, worauf ich im Anschluss noch eine Ausbildung zum Bürokaufmann draufsetzte. Das war damals meine dritte abgeschlossene

Berufsausbildung. Anschließend legte ich meine Fachprüfung als Bestatter ab und wurde im Jahr 1989 schlussendlich fachgeprüfter Bestatter, der bereits fünf Jahre Berufspraxis vorzuweisen hatte. Viele Jahre später, im Jahr 2001, gehörte ich zum ersten Jahrgang, der sich Bestattermeister nennen durfte, denn mittlerweile gab es das als richtige Berufsausbildung. Insofern habe ich eine ganze Menge Berufsabschlüsse gesammelt, habe sowohl eine handwerkliche Basis, die mir jeden Tag hilft, Dinge zu verstehen, als auch eine kaufmännische, die mich in die Lage versetzt, ein Unternehmen zu führen. Ich bin heute sehr glücklich, dass wir selbst seit vielen Jahren ausbilden und dadurch junge Menschen dabei unterstützen können, ihren Weg zu finden und bestimmte Fertigkeiten zu erlernen.

Mein drei Jahre jüngerer Bruder Stephan erlebte quasi zeitversetzt, was auch ich rund um den Beruf unserer Eltern erlebte. Die Anfänge des Unternehmens, als wir noch ein Schreinerbetrieb waren, kennt er zwar nicht mehr, aber alles andere bekam er natürlich ebenso mit wie ich. Er absolvierte im Anschluss an die Schule eine Schreinerausbildung und stieg danach ebenfalls ins elterliche Unternehmen ein. Er arbeitete später bei einem Bestatterkollegen in einer Nachbarstadt von Köln, bis seine Gesundheit ihn dazu zwang, seinen Beruf aufgeben zu müssen.

Wenn man eine Vorerkrankung oder eine Neigung zu Rückenproblemen mitbringt, dann ist der Beruf des Bestatters extrem gefährlich und kann wie im Fall meines Bruders dazu führen, dass man seine Tätigkeit nicht bis zur Rente ausführen kann. Wir bewegen jeden Tag enorme Gewichte, und das Tragen von schweren Gegenständen und natürlich das Anheben von Verstorbenen gehören einfach dazu. Erhalten wir einen Anruf und sollen einen Verstorbenen abholen, dann bemühen wir uns, möglichst viele Parameter schon vor der Abholung abzuklären, um einzuschätzen, in welche Situation wir vor Ort kommen. Aber mitunter sind die Angaben der Angehörigen nicht besonders verlässlich. Uns wird am Telefon beispielsweise gesagt, dass ein Aufzug vorhanden ist, aber vor Ort müssen wir dann fest-

Die Bandscheibe ist die Archillesferse des Bestatters. Jeden Tag muss ich erhebliche Gewichte stemmen.

stellen, dass dieser für uns gar nicht zu benutzen ist, weil er einfach zu klein ist, um einen Verstorbenen samt Sarg darin zu befördern. Wir können am Telefon auch schlecht fragen: »Wie schwer ist denn Ihre Mutter?« Daher werden wir in manchen Fällen davon überrascht, wie schwer ein Verstorbener wirklich ist. Wir müssen die Situation dann vor Ort mit zwei Personen irgendwie bewältigt bekommen. Wenn ein Verstorbener beispielsweise im Bett liegt und nur achtzig Kilogramm wiegt, dann sind das pro Mitarbeiter, die ihn da herausheben müssen, schon jeweils vierzig Kilogramm. Bei einem Krankentransport kann der Patient im Idealfall noch ein wenig helfen, in unserem Fall fällt diese Option jedoch weg, und wir müssen das alleine schaffen. Hinzu kommt, dass man natürlich versucht, die gesamte Situation trotz aller widrigen Umstände noch einigermaßen würdevoll ablaufen zu lassen, weil die Familie hinter uns im Türrahmen steht und alles beobachtet. Schnell lässt man da das korrekte Heben mit geradem Rücken und aus der Hocke heraus wegfallen – und schon ist es passiert. Heute weiß man ja alles über gesundes Heben und wie es vernünftig gemacht wird, aber in der Praxis gestaltet sich das dennoch manchmal schwierig.

Früher wurde jemand, der zu Hause gestorben war, im Sarg abgeholt. Dazu gab es keine Alternative. Falls die Person im achten Stock eines Mehrfamilienhauses ohne geeigneten Fahrstuhl wohnte, dann versuchte man, die Angehörigen zu fragen, ob der Sarg kurz unten im Treppenhaus stehen bleiben könnte. Jetzt muss man sich aber einmal solch ein Treppenhaus vor Augen rufen, in dem ganz unten im Eingangsbereich ein Sarg steht und in dem zwei schwarz gekleidete Männer mit einem Verstorbenen, der in einem Betttuch oder sonst einem Tragetuch liegt, herunterkommen und diesen in den Sarg legen möchten. Plötzlich summt der Türöffner, und das Nachbarskind oder der Postbote öffnen die Haustür ... Das sind immer ganz komplizierte Situationen gewesen. Heutzutage holen wir Verstorbene in der Regel nicht mehr mit einem Sarg ab. Mittlerweile gibt es leichtere und speziell dafür hergestellte Tragesysteme, wie sie auch vom Rettungsdienst verwendet werden. Sie erleichtern uns die Arbeit enorm und schützen vor allem vor solchen eben beschriebenen Situationen.

Die Verstorbenen werden nach dem erfolgreichen Transport dann erst bei uns versorgt und im Anschluss eingesargt. Früher wurde der Sarg auch meist vom Abholungsort direkt zum Friedhof gebracht und dort gekühlt bis zur Beisetzung aufbewahrt. Heute bleiben die Verstorbenen erst einmal unter unserer Obhut im Bestattungsinstitut. Wir überlegen gemeinsam mit den Angehörigen, ob und in welcher Form wir eine Versorgung machen und ob eine Abschiednahme geplant wird. Die Überführung zum Friedhof geschieht dann erst am Beerdigungstag. Wir Bestatter arbeiten also heute ein bisschen anders als noch vor ein paar Jahren – unter anderem auch schonender für den Rücken.

Ich kann mich noch gut daran erinnern, dass es als junger Bestatter für mich unheimlich schwierig war, in Beratungsgespräche zu gehen, bei denen mir wesentlich ältere Kunden gegenübersaßen. Sie warteten natürlich mit einer ganz anderen Lebenserfahrung auf, während ich als gerade mal Zwanzigjähriger eigentlich gar kein adäquater Ansprechpartner für sie war. Das hat dazu geführt, dass ich jedes Mal regelrecht um die Gunst und das Vertrauen dieser Kunden gekämpft habe. Diese Erfahrung hat sich sehr stark in mir festgesetzt. Es gab eine Situation, in der stieg ich im Treppenhaus in die entsprechende Etage, auf der mich auf dem Treppenabsatz bereits ein älterer Herr erwartete und fragend an mir vorbeischaute. Das Erste, was er sagte war: »Kommen Sie etwa alleine?« Aufgrund meines Alters dachte dieser Mann wahrscheinlich, ich sei der Azubi und werde von jemand anderem, einem erfahreneren Kollegen, angelernt. Dieser Gedanke ist ja nachvollziehbar und war für mich immer der Ansporn, zu beweisen, dass ich durchaus ein solches Beratungsgespräch führen kann, dass auch ich das richtige Maß an Empathie mitbringe und etwas von dem Beruf verstehe. Wenn mir ein Achtzigjähriger gegenübersaß und seine Ehefrau, mit der er vielleicht sechzig Jahre verheiratet war, beerdigen musste, war es für ihn sicher schwer zu akzeptieren, dass ihm ein scheinbar unwissender Jungspund zur Seite gestellt wurde. Mich haben diese Situationen immer mehr herausgefordert, nachdem sie mich zu Beginn noch erschrocken haben. Der Kampf um Akzeptanz und Anerkennung als junger Bestatter hat mich ab einem bestimmten Punkt immer mehr dazu gebracht, in jedem Fall mein Bestes zu geben. Ich wollte, dass die Kunden nach meiner Beratung das Gefühl hatten, dass sie keinen besseren Bestatter hätten bei sich haben können, und sie sich nach anfänglicher Skepsis sogar darüber freuten, dass ausgerechnet ich bei ihnen war.

Aus diesem Grund müssen junge Bestatter sich oftmals auch heute noch in ihren ersten Berufsjahren in der jeweiligen Hierarchie ihres Unternehmens erst einmal bewähren. Zu Beginn ihrer Tätigkeit werden sie nur bei der Versorgung von Verstorbenen oder auf den Friedhöfen eingesetzt, um die Praxis kennenzulernen. Bei der Beratung der Angehörigen und bei der anschließenden Organisation einer komplexen Trauerfeier und Beerdigung ist es unabdingbar, die vielen verschiedenen Komponenten nicht nur zu kennen, sondern auch ihr Zusammenwirken erfahren zu haben. Das kann man nicht aus dem Lehrbuch lernen, hier bedarf es einer umfangreichen persönlichen Erfahrung.

Im Umgang mit den jungen Menschen kommt es hinter den Kulissen auch schon mal zu lustigen Momenten.

Manche Särge werden uns ohne Innenausstattung und ohne Griffe geliefert. Es ist dann unsere Aufgabe, sie komplett zu montieren. Gerade für die Auszubildenden ist dies eine wichtige Tätigkeit, die unter Umständen auch in der Abschlussprüfung abgefragt wird. Unsere Mitarbeiter hatten einen Sarg für die nächsten Arbeitsschritte schon bereitgestellt und auch die Löcher für die Griffe bereits gebohrt, als sie plötzlich zu einer Abholung gerufen wurden. Da der Sarg aber rechtzeitig fertig sein musste, bekam unser Auszubildender die Aufgabe, die Griffe anzuschrauben und weitere Anweisungen bezüglich der Ausstattung abzuwarten. Als die Mitarbeiter zurückkamen, war alles montiert und der Azubi ganz stolz auf sein Werk. Allerdings befanden sich die Griffe im Inneren des Sarges! Unserem Azubi fiel der Fehler erst auf, als er aufgefordert wurde, den Sarg anzuheben. Seine Reaktion war damals: »Ups, auf welcher Seite ich die Dinger anbringen sollte, hat mir keiner gesagt.«

Ab einem bestimmten Punkt ihrer Ausbildung dürfen in unserem Betrieb die Auszubildenden das erste Mal eine Danksagung mit Hinterbliebenen besprechen. Manchmal ist das ihr erster direkter Kontakt als Berater zu den Kunden überhaupt, was es für sie sehr aufregend und besonders macht. Mehr und mehr rutschen sie im Laufe der Zeit in die Rolle des kompetenten Beraters und Begleiters hinein. Die erste richtige Reifeprüfung sind meist die Vorsorgegespräche, also die Beratungen, in denen jemand zu Lebzeiten festlegt, wie er seine Beerdigung gestaltet haben möchte. Im Zweifelsfall besteht hier die Möglichkeit, dass über die fertigen Unterlagen noch einmal ein erfahrener Kollege drüberschaut. Ich wurde am Anfang sehr häufig von meinen Eltern in solche Gespräche zur Bestattungsvorsorge geschickt, um die Praxis aus erster Hand zu lernen. Es waren die 1980er Jahre, und dabei habe ich viele Menschen erlebt, die zwischen siebzig und achtzig Jahre alt waren, zwei Kriege miterlebt hatten und nun alleine waren, weshalb sie für sich selbst vorsorgen wollten. Und ich muss zugeben, dass mich diese geballte Lebenserfahrung und die miterlebte Geschichte dieser Menschen sehr beeindruckt haben. Unzählige Stunden habe ich damit zugebracht, mir ihre Lebensgeschichten anzuhören. Diese Menschen sahen unserem Besuch freudig entgegen. Da kam ein junger Bestatter zu ihnen ins Haus und der hatte vor allem eines:

Zeit. Nachdem die erste Skepsis aufgrund meines Alters abgelegt war, wurden teilweise Fotoalben herausgeholt und alte Dokumente gezeigt. Ich hörte von Fluchten und Entbehrungen, ganze Herzen wurden mir ausgeschüttet. Bis heute haben diese Gespräche einen unschätzbaren Wert für mich. Einerseits begriff ich einiges über das Alter und das Leben an sich. Im Gespräch mit einer älteren Dame zog diese plötzlich ein Foto hervor, auf dem eine junge fesche Frau zu sehen war. Mir wurde schlagartig klar, dass das der gleiche Mensch war. Sie war immer noch sie, nur ein paar Jahre älter geworden. Gleichzeitig erkannte ich, was es heißt, im Alter einsam zu sein. Wenn ich als Bestatter zu einem Gespräch in das private Zuhause kam, dann war der Tisch mit dem feinsten Porzellan gedeckt, der Kaffee aufgebrüht und der Kuchen gerade frisch aus dem Backofen geholt worden. Die Menschen freuten sich einfach, wieder einmal jemanden um sich zu haben. »Reden können wir gleich noch, jetzt essen wir erst einmal ein Stück Kuchen, Herr Kuckelkorn!« Ich lernte auch viel über die Kraft von Menschen. Ich konnte nachempfinden, wie sie gelitten und was sie durchgemacht hatten. Diese einzigartige Energie, wenn Frauen in den Kriegswirren mit ihren Kindern auf der Flucht gewesen waren und sich irgendwie hatten durchschlagen müssen. Am Ende stand für mich die traurige Erkenntnis, dass all diese Lebenserfahrung mit dem Tod einfach ausgelöscht sein würde. Niemand würde diese Geschichten noch kennen, keiner könnte mit den Fotos noch etwas anfangen. Jemand stirbt, und mit ihm stirbt eine ganze Lebensgeschichte. Da ist dann ein altes Besteck, von dem niemand mehr weiß, dass es ein echtes Silberbesteck ist, das irgendwo auf der Flucht mitgenommen oder im Garten vergraben wurde. Oder die alte Holzpuppe in der Ecke, bei der niemand ahnt, dass sie für die Kinder viele Jahre das einzige Spielzeug gewesen war. Die schmeißt dann beim Ausräumen der Wohnung irgendjemand weg, weil sie einfach hässlich und kaputt ist.

Manchmal stelle ich mir die Frage: Was wäre, wenn wir unsere gemachten Erfahrungen übertragen könnten und

Für mich ist es der größte Verlust in der Menschheitsgeschichte, dass mit jedem Menschen seine gesamte Lebenserfahrung stirbt.

wir unsere eigene Geschichte eins zu eins einem anderen Menschen übergeben könnten? Ich bin nach all meinen Gesprächen mit Menschen, die einen Krieg miterlebt haben, davon überzeugt, dass wir keine Kriege mehr auf dieser Welt führen würden. Kriegserlebnisse sind so schrecklich und leidvoll, dass es keine gewaltvolle Auseinandersetzung mehr geben würde, wenn die Menschen sie über Generationen hinweg untereinander teilen würden. Leider scheinen wir jedoch dazu gezwungen, diese Erfahrungen immer wieder neu zu machen. Wir werden uns immer wieder verlieben, uns immer wieder trennen, uns immer wieder bekriegen, und es wird immer so weitergehen. Diese Dinge haben mich eine lange Zeit sehr beschäftigt und tun dies auch heute manchmal noch. Damals war das für mich eine Zeit, in der ich in jedes Gespräch ganz aktiv reingegangen bin, weil ich dachte, jetzt hörst du wieder eine dieser großartigen und bewegenden Lebensgeschichten. Diese Anfangsjahre meiner beruflichen Laufbahn haben nicht nur mich, sondern auch meine Sicht und den Wert meines Berufs als Bestatter stark geprägt. Ich habe aus diesen Gesprächen sehr viel für mein eigenes Leben gelernt.

Als ich in unser Familienunternehmen eintrat, war ich der Lehrling und mein Vater der Chef. Natürlich bin ich zu Beginn seinen Weg, die Firma zu führen, mitgegangen. Er hat sich sichtlich wohl mit dieser Bestätigung und auch durch meine Unterstützung gefühlt. Das war anfangs alles sehr konform. Insgesamt arbeiteten wir zwanzig Jahre als Vater und Sohn zusammen. Als sich unser Arbeitsverhältnis dann langsam veränderte, da ich meine erste eigene Filiale in einem Kölner Stadtteil betreute und meine eigenen Erfahrungen machen konnte, merkte er, dass ich auch mit neuen Ideen Erfolg hatte. Diese neuen Ideen waren nicht völlig konträr zu der Vorgehensweise meines Vaters, aber er sagte immer: »Ich könnte das nicht!« Bis heute hat er eine große Hochachtung vor dem Weg, den ich später einschlug. Ich ließ mich in die Kunst der Thanatopraxie einweisen – das Handwerk der modernen Einbalsamierung. Diese ist unabdingbar, wenn ein Mensch durch einen Unfall, Gewalteinwirkung oder Suizid entstellt wurde und eine aufwendigere Versorgung des Leichnams erforderlich ist, um eine Aufbahrung zu ermöglichen. Mein Vater war eine Zeitlang selbst Ausbilder und absolvierte verschiedene Seminare, um sich weiterzubilden. Er war also keineswegs abgeneigt, sich neues Wissen anzueignen und neuen Arbeitsweisen zu öffnen. Trotzdem fehlte ihm der Zugang zur Thanatopraxie. Er ließ mich aber gewähren, und darüber freue ich mich heute noch.

Der Beruf des Thanatopraktikers war zur damaligen Zeit in Deutschland noch gar nicht richtig bekannt und daher auch nicht existent. Dementsprechend gab es auch kein funktionierendes Mentorensystem, es gab niemanden, der mich hier hätte an die Hand nehmen können und bei dem ich hätte lernen können. Folglich musste ich meine Ausbildungszeit, die sich in einen theoretischen und einen praktischen Teil aufteilte, im Ausland absolvieren. In Irland, England, Frankreich und den USA arbeitete man schon mit dieser Methode. Mein Ausbildungsjahrgang war damals der erste, der in die USA ging. In den Staaten herrschte in vielen Bereichen eine ganz andere Bestattungskultur als hier in Europa. Für mich war es eine unglaubliche Bereicherung, einmal im Ausland leben und arbeiten zu können und von dort Elemente mitzubringen, die ich für unsere Arbeit hier in Deutschland für sinnvoll erachtete. Mit der neuerworbenen Qualifikation wurde mir die Möglichkeit gegeben, mein eigenes Unternehmen zu eröffnen. Ich arbeitete fortan quasi als Subunternehmer für meinen Vater, bot aber meine Dienstleistung auch anderen Kollegen an. Ich war und bin der Auffassung, dass die Thanatopraxie so ein wichtiges Element unseres Berufs ist, dass ich sie nicht nur exklusiv für mich anbieten wollte. Also habe ich mit dieser Qualifikation für mehrere Bestatter in Köln gearbeitet. Damit hatte ich ein Aktionsfeld, in dem ich mich entwickeln und gleichzeitig meinem Vater zeigen konnte, dass das, was ich mache, erfolgreich ist und sich gut in das traditionelle Geschäft eines Bestattungshauses integrieren ließ. Bereits damals habe ich mir vorgenommen, dass ich die Freiheit, die mein Vater mir und meinen Ideen gewährte, auch immer meinen eigenen Kindern entgegenbringen würde, da sie mir dabei geholfen hat, den richtigen Weg im Leben zu finden.

Unter all den Kindern, die ich als Patchwork-Papa mit erzogen und habe groß werden sehen, sind zwei meine leiblichen: Marcel und Laura. Marcel begann mit einer Ausbildung bei einem Autohersteller, studierte neben seinem Job und arbeitete schließlich dort im Marketing. Vor zwei Jahren kehrte er zurück in unsere Firma und macht im Augenblick seine Fachprüfung. Er geht also quasi einen ähnlichen Weg wie ich und qualifiziert sich aktuell gerade als Baggerfahrer. In vielen Gegenden Deutschlands ist der Bestatter auch der Dienstleister auf dem Friedhof. Insofern gehören der Baggerschein und das Ausheben von Gräbern zur Ausbildung dazu. Mit Marcel steht jetzt die sechste Generation in den Startlöchern, was für mich ein sehr schönes Gefühl ist. Er hat bei uns bereits alles gemacht, angefangen bei der Kundenberatung über die Versorgung von Verstorbenen bis hin zu deren Einsargung. Jetzt geht es darum, ein tieferes Wissen bei ihm zu hinterlegen, bei dessen Wahl ich ihm – wie bereits mein Vater bei mir – seine Freiheit lasse und offen für neue Ideen bin.

Meine Tochter Laura hat verschiedene Berufe ausprobiert und steckt gerade in der Abschlussprüfung zur Goldschmiedin. Sie ist eine unheimlich kreative junge Frau mit einem hohen sozialen Bewusstsein. Ich könnte mir durchaus vorstellen, dass auch sie noch den Weg ins Familienunternehmen findet. Bevor sie ihre neue Stelle antreten wird, absolviert sie aus eigenem Interesse ein mehrwöchiges Praktikum in unserem Bestattungshaus. Diese kleine Lücke zwischen Abschlussprüfung und neuem Job möchte sie nutzen, um sich den Ablauf aus direkter Nähe anzuschauen. Mir ist wichtig, dass es später unter den Kindern nicht heißt, dass der eine die Firma bekommen hat und der andere nicht. Von daher freut es mich sehr, dass sie beide ein gewisses Grundinteresse an dem haben, was ich beruflich so liebe. Jeder soll für sich ausprobieren und entscheiden, ob das auch sein Weg sein könnte.

Ich merke natürlich, dass ich älter werde. Die Jahre gehen auch an mir nicht spurlos vorbei. Irgendwann muss ich mich um eine Nachfolgeregelung kümmern. Natürlich weiß ich, was damit verbunden ist und dass es auch schwierig sein wird loszulassen. Aber irgendwie ist es dennoch schön und bereitet mir Freude, wenn ich merke, dass unser Bestattungshaus auch ohne mich funktionieren wird. Momentan ist es tatsächlich ein großer Genuss, gemeinsam mit meinem Sohn zu arbeiten, jemanden an der Seite zu haben, zu dem neben der Arbeit auch noch eine ganz andere Beziehungsebene existiert. Obwohl wir mit unseren insgesamt vierzehn Mitarbeitern allgemein sehr familiär zusammenarbeiten. Selbstverständlich bin ich der Chef und dafür verantwortlich, wo und wie es weitergeht. Dazu mache ich klare Vorgaben und gebe ein exaktes Raster für die Mitarbeiter vor. Aber im Alltag – auch bedingt durch diesen besonderen Beruf – sind wir mehr wie eine große Familie. Wir leben miteinander und bewältigen die Aufgaben gemeinsam. Jeder bringt das ein, was er mit einbringen kann, und zusammen sind wir ein starkes Team. Wir haben gerade einen neuen Azubi eingestellt, und ich meinte im Vorfeld zu seinem Vater: »Für mich ist das jedes Mal wie eine kleine Adoption.« Wir nehmen einen »unfertigen« Menschen in den Betrieb auf, der im Prinzip gar nicht richtig weiß, warum er hier sitzt und auf was er sich da einlässt. Vom Beruf des Bestatters hat er irgendwann schon mal gehört und sich gedacht, dass das auch für ihn das Richtige sein könnte. Aber ob es wirklich so ist, das wird sich erst im Laufe der Ausbildung zeigen. Für diesen Menschen übernehmen wir plötzlich die Verantwortung, und mehr oder weniger adoptieren wir ihn in unsere kleine Familie.

Etwas, das mir während meiner Zeit als Bestatter noch nie über die Lippen gekommen ist, ist die Worthülse: »Mein Beileid.« Ich versuche das auch meinen Auszubildenden im Betrieb vom ersten Tag an beizubringen. In meiner Prüfung ist mir damals angekreidet worden, dass ich im fiktiven Beratungsgespräch, das ich mit meinem Ausbilder führen musste, mein Beileid nicht ausgesprochen hatte. Aber ich

> **Man kann nicht »beileiden«. Entweder leide ich mit jemandem, weil mich das berührt, was ihm zugestoßen ist, oder ich stehe jemandem bei, weil ich ihm helfen möchte.**

verstehe die Aussage einfach nicht. Statt »mein Beileid« auszudrücken, gebe ich den Menschen lieber ganz fest die Hand und gucke ihnen dabei direkt in die Augen. Zu sagen brauche ich dabei gar nichts. Diese Verbalisierung liegt mir nicht. Mitleid ist vielleicht das falsche Wort, aber ich fühle in dieser Situation mit, weil ich aus eigener Erfahrung weiß, wie es ist, einen geliebten Menschen zu verlieren. Und für Angehörige, die gerade einen Verlust zu beklagen haben, zählt oftmals eher eine Geste statt leerer Worte.

KENNSTE DEN?

Wenn jemand erfährt, dass ich von Beruf Bestatter bin, heißt es regelmäßig: »Glückwunsch, ein krisensicherer Job! Gestorben wird doch immer.« Am Anfang habe ich bei dem Spruch einfach nur müde gelächelt, aber inzwischen kann ich ihn nicht mehr hören. Bei uns ist es wie in anderen Branchen auch. Brötchen werden auch jeden Tag gegessen, und trotzdem müssen viele Bäcker schließen: Wenn die Leute nicht mehr über genügend Geld verfügen, damit sie sich Lebensmittel kaufen können, dann fehlt ihnen auch das Geld für einen Sarg. Aber selbst auf diese Diskussion habe ich keine Lust mehr. Wenn dieser Spruch kommt, rolle ich innerlich nur mit den Augen.

Bei Bestatter-Witzen sieht es dagegen schon anders aus. Es gibt wirklich viele, die ich sehr witzig finde!

Der Opa liegt im Sterben. All seine Enkel stehen um sein Bett herum. Aus der Küche duftet es nach Kuchen. Der Großvater sagt: »Ich möchte so gern noch ein Stück Kuchen, bevor ich sterbe!« Einer der Enkel geht in die Küche und kommt gleich darauf zurück. »Mama hat gesagt, der ist für nach der Beerdigung.«

Ich bemerke bis heute eine große Unsicherheit der Menschen in Bezug auf meinen Beruf. Wenn wir darauf zu sprechen kommen, wissen die Leute meist nicht, was sie sagen sollen, und machen irgendwelche unsicheren Bemerkungen. Diese sollen natürlich witzig rüberkommen, sind aber eindeutig ein Zeichen für einen verkrampften Umgang mit dem Thema Tod und Sterben. Bei Veranstaltungen oder an geselligen Abenden kriege ich anfangs immer ein paar dieser Sprüche oder Witze aufgetischt, aber ein halbes Stündchen später, wenn die Stimmung nicht mehr ganz so angespannt ist, kommen die Leute erneut zu mir und beginnen ein ernsthaftes Gespräch. Sie stellen mir meist persönliche Fragen, die ihnen schon lange auf der Seele brennen. Häufig geht es darum, dass diese Menschen irgendwelche Erlebnisse in Bezug auf den Tod hatten, die sie nicht richtig einordnen können. Das sind möglicherweise Geschehnisse aus ihrer Kindheit, die sie seit Jahrzehnten mit sich herumschleppen. »Als die Oma damals aufgebahrt wurde, da hatte ich so ein merkwürdiges Gefühl ... Wie kann das denn sein?« Ich lasse mich dann meist auf das Gespräch ein, bohre nach, woran es liegt, dass gerade jetzt diese Fragen gestellt werden. Es kann gut sein, dass solche Gespräche sehr in die Tiefe gehen. Das weiß ich aus Erfahrung. Dann wird mein Beruf ein abendfüllendes Thema. Das ist nicht gerade meine Vorstellung von einem schönen, entspannten Abend – und schon gar nicht die von meiner Frau –, aber die Menschen sind so froh, mal einen Bestatter zu treffen, dass sie sich von ihren Fragen gar nicht abbringen lassen.

In den Medien werden Themen um Sterben und Tod inzwischen viel häufiger aufgegriffen, zum Beispiel im Zusammenhang mit der Hospizbewegung und der Sterbebegleitung – dafür bin ich persönlich sehr dankbar. Wir können alle nur froh über diese gesellschaftliche Entwicklung sein, denn damit rücken diese Themen immer stärker in den Fokus. Trotzdem ist es unabdingbar, dass die tiefgründigen Fragen der Menschen in ihrem persönlichen Lebensumfeld besprochen werden. Bestenfalls miteinander. Meiner Meinung nach passiert das noch immer nicht in ausreichender Form. Ich erlebe es immer wieder, dass eine offene Kommunikation innerhalb der Familie nicht möglich ist. Nicht einmal unter Ehepartnern. Vor kurzem erst saß ein Ehepaar zur Vorsorgeberatung bei mir. Beide hatten diesen Termin mit mir vereinbart und sich im Vorfeld durch eine Broschüre informiert, die ich ihnen ausgehändigt hatte. Das handhabe ich immer so, damit sich die Menschen erst einmal einlesen können und sich so mit dem Thema unseres kommenden Gesprächs vertraut machen können. Jedenfalls kam der Ehemann zum vereinbarten Termin und verkündete: »Ich habe etwas vorbereitet. Dies ist der Ablauf meiner Trauerfeier.« Er hatte schon eine konkrete Vorstellung von der Trauerrede, wusste schon, welche Musik gespielt werden sollte, und seine Frau bekam immer größere Augen. Sie verstand die Welt nicht mehr. Ganz unvoreingenommen war sie zu unserem Treffen gekommen, wollte sich einfach mal informieren, und ihr Mann hatte schon alles komplett durchgeplant – ohne vorher mit ihr darüber zu sprechen. Offensichtlich war das Thema zu schwer für dieses Ehepaar, das im Grunde sogar aus zwei sehr kommunikativen Menschen bestand. An diesem Beispiel kann man sehr gut sehen, dass es in vielen Fällen eines Mediators bedarf – der Bestatter. Auch bei der Frage, ob die eigenen Kinder mit in diesen Prozess einbezogen werden sollen, braucht es immer wieder intensive Beratung. Die meisten Menschen sind erst einmal überfordert und meinen, ihre Kinder hätten doch gar nichts mit der Beerdigung der Eltern zu tun. Aber ganz im Gegenteil – das haben sie! Die Kinder müssen später mit den getroffenen Entscheidungen bezüglich der Beisetzung etc. leben. Und auch die Enkel werden damit groß. Aber leider findet der Austausch über diese Fragen im Alltag selten statt. Wie cool wäre es, wenn man am schön gedeckten Tisch miteinander über die Bestattungsvorsorge reden könnte? Aber wenn wir Bestatter das generationenübergreifende Gespräch nicht im Einzelfall anstoßen, dann geschieht das nicht.

Genau deswegen wird das Thema immer wieder so dankbar aufgegriffen, wenn ich ins Spiel komme – plötzlich ist da jemand anwesend, über den man einen Einstieg in ein Gespräch über den Tod und das Sterben wagen kann. Ob beim Bierchen nach dem Squash, während der Karnevalszeit zwischen zwei Auftritten oder im Urlaub am Strand, das spielt überhaupt keine Rolle. Denn es ist immer die gleiche Situation. Überall wird mein Beruf zum Gesprächsthema. Und wenn ich Glück habe, werden dabei auch Witze wie dieser erzählt:

Ein Mann hat sich den Film »Die Passion Christi« im Kino angesehen und ist begeistert. Er reist mit der gesamten Familie ins Heilige Land, um dort die Orte zu besuchen, wo Jesus lebte und starb. Auf dieser Reise verstirbt seine Schwiegermutter. Der dortige Bestatter zeigt ihm zwei Möglichkeiten auf: Überführung in die Heimat für 10 000 Euro oder Bestattung in Tel Aviv für 500 Euro. Der Mann überlegt nicht lang und erklärt: »Sie wird überführt!«

»Sind Sie sicher? Wir würden auch hier eine würdevolle Trauerfeier abhalten.«

Darauf der Mann: »Hören Sie, vor 2000 Jahren wurde hier ein Mann beerdigt, der nach drei Tagen wieder auferstand. Das Risiko möchte ich nicht eingehen!«

WENN BESTATTER TRAUERN

Ich hatte bereits viele Menschen in ihrem Schmerz und ihrer Verzweiflung begleitet, und doch musste ich erst selbst durch diese Gefühlswelt gehen, um zu verstehen, was der Tod eines nahestehenden und geliebten Menschen wirklich bedeutet. In dieser unmittelbaren Tiefe hatte ich dieses Gefühl zuvor nicht erfasst. Erst als meine erste Frau tödlich verunglückte, wusste ich schlagartig, wie gnadenlos es sich anfühlt, wenn für einen selbst von einer Sekunde auf die andere die Welt stillzustehen scheint.

Anfangs dachte ich immer wieder an das, was mir zuvor so viele andere Menschen gesagt hatten: was gäbe ich jetzt darum, nur ein klein wenig die Zeit zurückdrehen zu können. Der Unfall war da gerade erst ein paar Stunden her, und ich dachte, dass es doch nicht zu viel verlangt sein könnte. Aber nichts und niemand drehte für mich die Zeit zurück. Alles ging unbarmherzig weiter seinen Weg, so als wäre gar nichts geschehen. Sogar diese dämlichen Vögel draußen zwitscherten einfach weiter.

Für mich war es im wahrsten Sinne des Wortes eine »ver-rückte« Welt. Gerade war noch alles so wie immer, dann klingelte das Telefon, und schlagartig war alles anders. Plötzlich teilte sich alles automatisch in ein Davor und Danach. In dem einen Moment haben wir uns verabschiedet, kurz danach ist es passiert, und dann war ich alleine. Die Bedeutung von Zeit erschien mir plötzlich glasklar: Man bekommt nicht einen einzigen Moment zurück, jeden Augenblick gibt es nur einmal.

Als der Unfall geschah, lebten meine Frau und ich schon eine Weile getrennt. Im Leben gibt es immer wieder Umbruchphasen, und in einer solchen befanden wir uns gerade. Ich war beruflich vorangekommen, hatte eine Zeit lang im Ausland gelebt und die Ausbildung zum Thanatopraktiker

Es ist für mich schwer, dafür die richtigen Worte zu finden, aber nach dem Unfall meiner Frau hatte ich das erste Mal das Gefühl, die Zusammenhänge des Lebens richtig zu verstehen.

absolviert. Diese Entwicklung hatte uns irgendwie auseinanderdriften lassen. Wir haben danach immer wieder versucht, aufeinander zuzugehen, aber sie konnte oder wollte sich nicht mehr uneingeschränkt auf mich einlassen. An einem bestimmten Punkt zog ich für mich die Konsequenzen und sagte zu ihr: »Es liegt nicht in meiner Macht, wann du gehst oder wann du – wegen der Kinder – wieder zurückkommst, aber ich kann zumindest entscheiden, wann ich gehe. Und das tue ich jetzt.« Das war hart, und ich habe es hinterher viele Male bereut. Aber der Schritt war gemacht, und wir versuchten von da an, uns neu zu positionieren, uns zu arrangieren und irgendwie mit der Situation klarzukommen. Das war für keinen von uns leicht. Genau in dieser Phase kehrte meine Leidenschaft für das Motorradfahren zurück – ich begann, wieder zu fahren. Bis heute ist mir nicht ganz klar, weshalb auch meine Frau damit anfing. Fakt ist aber, dass auch sie plötzlich einen Motorradführerschein und eine eigene Maschine hatte. Ganz heimlich hatte sie ihre Fahrstunden absolviert. Kurzzeitig kam mir der Gedanke, ob das von ihr als Annäherung an mich gedacht war, ob dies ein Zeichen sein sollte. Doch diese Frage habe ich ihr nie gestellt, was mir heute sehr leidtut. Später fragte ich mich, ob mich eventuell eine Mitschuld an ihrem Tod trifft, falls sie wirklich meinetwegen das Motorradfahren begonnen haben sollte. Aber man denkt nach solch einem Verlust über so viel nach und erhält keine Antworten auf seine Fragen. Mit ihnen bleibt man ein Leben lang zurück.

Damals wurde ich regelmäßig von einem Fernsehteam für die Sendung »Menschen hautnah« begleitet. Das Team wollte ein Porträt von mir als Bestatter zeigen und dabei natürlich auch meinen Hintergrund sowie meine Familie abbilden. Wir hatten in diesem Zusammenhang immer wieder gemeinsame Drehtage, an denen wir verschiedene Dinge zusammen unternahmen. An dem Donnerstag vor ihrem Unfall hatten wir noch einen wunderbaren Tag gemeinsam verbracht, an dem wir alle zusammen Eis essen waren und nach dem ich erstmals seit langer Zeit das Gefühl hatte, dass wir tatsächlich alle Probleme wieder hinbekommen würden. Am Samstag holte ich die Kinder von ihr ab und ging mit ihnen zunächst ins Kino. Wir schauten uns »Fred Feuerstein« an – diesen Film werde ich nie vergessen.

Nach dem Film ging ich mit den Kindern noch einkaufen – ich glaube sogar, dass wir von dem Kamerateam begleitet wurden, weil das Szenario für sie zum Papa-Wochenende gehörte. Als wir im Anschluss nach Hause kamen, klingelte das Telefon. Mein Vater war am Apparat und sagte nur: »Du kommst jetzt sofort in die Firma!« Natürlich fragte ich nach, was passiert sei und warum ich an meinem freien Wochenende in die Firma kommen solle. Aber mein

Vater meinte, dass ich keine Fragen stellen, sondern mich einfach ins Auto setzen und kommen solle. Ich wollte noch wissen, ob ich die Kinder mitnehmen könne, und seine sehr bestimmende Antwort war: »Nein, geh zur Oma runter, sag ihr, sie soll auf die Kinder aufpassen, und du alleine kommst jetzt sofort hierher.« Mein Gedanke war, dass wohl bei uns in die Firma eingebrochen worden sein musste, und ich fragte mich, was alles im Safe lag? Damals hatten wir viele Sparbücher von Kunden als Anzahlungen für Bestattungen in ihm deponiert. Mit diesen Überlegungen fuhr ich zu meinem Vater einmal quer durch die Stadt. Dort angekommen, erzählte er mir, was passiert war. Ich konnte zunächst nichts anderes denken als: »Oh, mein Gott, oh, mein Gott, oh, mein Gott.« Die Polizei hatte wohl versucht, mich zu informieren, aber vergeblich, da ich mit den Kindern unterwegs war. Also ermittelte sie die Kontaktdaten unserer Firma, wo sie meinen Vater erreichte. Schlagartig bekam ich Panik. Was wäre, wenn die Polizei nun erneut bei mir zu Hause vor der Tür auftauchen würde? Die Oma unten weiß von nichts, und oben sitzen meine Kinder ganz alleine. Ich sprang zurück ins Auto. Mit quietschenden Reifen fuhr ich über zig rote Ampeln die Aachener Straße in Köln entlang, um so schnell wie möglich wieder nach Hause zurückzukommen. Ich wollte unbedingt zu meinen Kindern – und kann im Nachhinein von Glück sagen, dass auf dieser Fahrt nicht auch noch etwas passiert ist.

Zu Hause angekommen, traf ich meine Großmutter und meine Kinder an, alles war so weit in Ordnung. Auf meine Frage, ob jemand da gewesen sei, sagte meine Oma: »Die Polizei war hier und wollte mit dir sprechen. Ich habe sie aber weggeschickt. Was ist denn passiert?« Ohne die Frage zu beantworten, bat ich meine Großmutter, bei den Kindern zu bleiben, ich wäre bald wieder da. Dann fuhr ich auf die Polizeiwache. Im Rückblick war ich zunächst unglaublich unfreundlich zu den Polizisten auf der Wache. Ich wusste einfach nicht wohin mit meiner Wut und meiner Ohnmacht – in dieser Situation habe ich erstmals am eigenen Leib erfahren, dass Trauer nicht primär traurig sein muss. Trauer kann genauso gut wütend sein. Natürlich konnten die Polizisten überhaupt nichts für das, was geschehen war. Sie hatten vermutlich die Meldung bekommen, dass es einen Unfall gegeben hatte, bei dem eine Frau ums Leben gekommen war. Dazu der Auftrag, den Ehemann zu informieren. Ein ganz normaler Vorgang. Aber ich stand damals auf der Wache und spielte mich unglaublich auf. Irgendwann fuhr ich wieder vom Hof, und mein Kopf fühlte sich völlig leer an. Ich konnte nur an eine Sache denken: »Was machst du denn jetzt? Das kann doch alles gar nicht wahr sein!« In diesen Gedanken steigerte ich mich so hinein, dass ich erst einmal sichergehen musste, ob meine Frau wirklich tot war, ob es wirklich sie war, die diesen Unfall erlitten hatte. Ich dachte: »Das stimmt nicht, das kann nicht sein. Die fährt super Motorrad, das kann gar nicht sein. Das ist totaler Schwachsinn. Da will dir irgendeiner etwas weismachen, was nicht stimmt.« Heute weiß ich, dass man sich in diesen Momenten solche Gedankenkonstrukte baut, um der Situation zu entfliehen.

Ich brauchte unbedingt Gewissheit. Also rief ich einen Dienstleister unseres Bestattungshauses an, von dem ich wusste, dass er auch Bergungsdienste für die Polizei übernahm und dass er an diesem Tag Dienst hatte. Außerhalb unserer eigenen Einsatzzeiten nutzen wir solche Subunternehmer, die im Bedarfsfall für uns einspringen können. Tatsächlich war dieser bei dem Unfall gewesen. Ich fragte ihn, ob er wisse, wen er dort geborgen hatte. Das konnte er mir aber nicht beantworten. Dann wollte ich von ihm hören, wo er die Verstorbene hingebracht hatte – ich wollte sie nicht meine Frau nennen, da ich noch keine Gewissheit hatte. Seine Antwort lautete: »In die Rechtsmedizin. Sie wurde ja beschlagnahmt.« Mein Bedürfnis nach Gewissheit war so groß, dass ich von ihm verlangte, mir Zutritt dorthin zu verschaffen. Normalerweise ist das gar nicht möglich, da ich als Bestatter erst einen Auftrag und eine staatsanwaltschaftliche Freigabe erhalten muss, um eine verstorbene Person in der Gerichtsmedizin abholen zu können. Aber diese Ausnahmesituation brachte mich sogar dazu, einen Menschen unter Druck zu setzen, weil ich sehen und verstehen wollte, was passiert war. Ich stand also kurze Zeit später vor dem Tor der Rechtsmedizin und wartete auf den Fahrer unseres Dienstleisters – bereits mit Nitril-Handschuhen für den Hygienebereich der Gerichtsmedizin in meiner Hand. Sie mussten irgendwo in meinem Auto gelegen haben, und ich hatte sie automatisch mitgenommen. Es war eine völlig irrationale Situation. Mein Handeln war wie in Trance, einerseits professionell, andererseits betroffen – völlig absurd.

Am Ende konnte ich mich davon überzeugen, dass die Polizei im Recht war. Meine Frau war tot. Endlich begann ich, die Situation zu verstehen, und gab Ruhe. Ich fuhr nach Hause, vertröstete meine Großmutter ein weiteres Mal und sagte ihr, dass ich gleich noch einmal runterkommen würde, um ihr zu sagen, was los sei. Zuerst wollte ich zu meinen Kindern. Wir legten uns gemeinsam ins Bett, und dann sagte ich ihnen unter starken Tränen, was einige Stunden zuvor passiert war. Zu dem Zeitpunkt war meine Tochter sechs und mein Sohn dreizehn Jahre alt.

Plötzlich stand ich auf dieser anderen Seite. Durch meine eigene schmerzvolle Erfahrung konnte ich spüren, welche Bedürfnisse in solch einer Situation wirklich eine Rolle spielen. Und ich erkannte zwei Dinge:

> **Trauer kann komplett irrational sein. Menschen können plötzlich aggressiv reagieren, obwohl sie normalerweise sehr friedfertig und ausgeglichen sind.**

> **Den Verstorbenen noch einmal zu sehen und anzufassen hilft dabei zu begreifen, dass etwas Unumkehrbares geschehen ist.**

Das sind heute für mich zwei grundlegende Elemente meiner Arbeit. Insofern war der Tod meiner Frau gleichzeitig auch eine Art Neustart im Beruf. Er hat mich noch einmal völlig neu über meinen Beruf als Bestatter nachdenken lassen. In der Ausbildung erlangt man Hintergrundwissen, lernt Zusammenhänge und Abläufe kennen. Ich kannte also die Mechanismen, wusste, wie es läuft und wie man manche Dinge verkaufen muss. Die grundsätzlichen Fähigkeiten für den Beruf hatte ich seit langer Zeit verinnerlicht. Aber das, was man den Hinterbliebenen später mitgeben kann, das steht in keinem Lehrbuch. Man kann nur das weitergeben, was man selbst erlebt hat. Und meine Erfahrung hat dazu geführt, dass wir unser Unternehmen nach dem Tod meiner Frau noch einmal ganz anders ausgerichtet haben.

Wir stellen seitdem die Individualität der Menschen und ihre Vielfalt in den Mittelpunkt unserer Arbeit. Mitarbeiterschulungen drehen sich nicht mehr um die Fragen, wie verläuft ein Beratungsgespräch perfekt oder wie gehe ich taktisch besser vor, um etwas zu verkaufen. Sie zielen vielmehr darauf ab zu erkennen, wo mein Gegenüber gerade steht und wie ich ihn dort abhole. Ein Zahlenmensch erhält von mir so viele Auflistungen und Zahlen, wie er will, damit er sich richtig wohlfühlt. Wenn ich aber einem kreativen Menschen mit solchen Zahlenaufstellungen komme, dann ist das genau der falsche Weg. Dieser Person zeige ich noch nicht einmal Fotos von möglichen Arrangements, sondern ich zeichne mit ihm zusammen alles auf Papier auf, wie beispielsweise der Aufbau bei der Trauerfeier aussehen soll, wo der Sarg steht, an welcher Stelle die Leuchter aufgestellt werden usw. Diese Achtsamkeit zu finden, dass man trotz des alltäglichen hektischen Trubels, der immer da ist, wenn man eine Familie auf diesem Weg begleitet, auch darauf schaut, ob alles rund läuft, auch wenn man selbst nicht dabei ist. Bei einer Frau, die ihren Mann betrauerte, hatte ich den Eindruck, dass sie von Mal zu Mal ausgezehrter aussah. Die isst ja wohl gar nichts mehr, dachte ich mir, das wird langsam gefährlich. Als sie eines Morgens zu mir kam, um irgendetwas abzuholen, fragte ich direkt: »Haben Sie eigentlich heute schon gefrühstückt?« Hatte sie natürlich nicht. Alleine, dass ich das wahrgenommen und sie darauf angesprochen habe, war für diese Frau Grund genug, wieder mehr auf ihr Essverhalten zu achten. Bei der nächsten Gelegenheit sagte sie zu mir: »Ich bin direkt danach erst einmal beim Bäcker gewesen. Das ist keinem anderen vorher aufgefallen.«

Das gelingt mir und meinen Mitarbeitern natürlich nicht jedes Mal. Manchmal ist es auch so, dass man an die Menschen nur schwer herankommt. Menschen sind eben sehr unterschiedlich. Und klar ist auch, dass sie sich nicht immer darüber freuen, wenn sie mich anrufen oder wenn ich kommen muss – denn viel lieber hätten sie keinen Bestatter nötig. Sie sind dann froh, wenn ich wieder weg bin und sie möglichst nichts mehr mit mir zu tun haben müssen. Ich versuche immer, die Situation von der anderen Seite zu denken und den Menschen das Gefühl zu geben, dass sie bei uns gut aufgehoben sind. Und vielleicht hat dann der ein oder andere auch mal gerne mit uns zu tun.

Nach dem Unfall meiner Frau und dem ersten Schock habe ich keine Sekunde gezögert, sie selbst zu versorgen. Das stand für mich außer Frage. Geholfen hat mir dabei nur mein Bruder. In dieser schmerzlichen Situation war die familiäre Nähe eine große Stütze für mich. Immer wieder gibt es Leute, die mich fragen, ob ich denn auch meinen Vater oder meine Mutter nach dem Tod versorgen würde. Meine Antwort: »Ja, wer denn sonst? Ein Fremder?« Wir bie-

Für mich gehört es zu der letzten Ehre, die ich einem mir nahestehenden Menschen und seiner Familie erweisen kann, ihn selbst zu versorgen.

ten auch den Angehörigen von Verstorbenen jedes Mal an, diesen letzten Dienst, das Waschen und Ankleiden, mit uns gemeinsam durchzuführen oder eben auch alleine, ganz wie sie es wünschen. Oft versuchen wir, die Menschen an dieser Stelle einzubinden, weil ich persönlich davon überzeugt bin, dass das eine wichtige Erfahrung ist. Bereits unsere Vorfahren versorgten ihre Toten selbst. Es macht nicht krank und tut nicht weh. Im Gegenteil, die Menschen, die das erleben, leisten in der halben Stunde oder Stunde, die sie mit uns arbeiten, richtig gute Trauerarbeit, die normalerweise Monate dauern würde oder vielleicht auch nie leistbar wäre. Insofern halte ich die Versorgung von den eigenen Angehörigen für extrem wichtig, und deshalb würde sich mir auch nie die Frage stellen, ob ich diesen Dienst für jemanden aus meinem direkten Umfeld ausführen würde. Meine Großmutter und mein Großvater, viele Freunde, sie alle wurden von mir persönlich versorgt.

Meine Aufarbeitung des Todes meiner Frau dauerte ein ganzes Jahr. Arbeitstechnisch funktionierte ich lange Zeit nicht mehr wie vorher. Ich hatte keine Struktur mehr, müllte mich mit Arbeit zu und schaffte es nicht, meine Ablage abzuarbeiten, so dass sie sich zu unüberschaubaren Bergen aufbaute. Es gab einfach keine Struktur mehr in meinem Kopf. Auch das war eine Erfahrung, die ich erst selbst machen musste und zuvor nur aus Erzählungen kannte. Egal, wie strukturiert man normalerweise ist, durch so eine Ausnahmesituation steigt man zeitweise völlig aus dem System aus.

Natürlich bereitete ich mit den Kindern die Beerdigung vor. Mir war es wichtig, sie in diese Prozesse einzubinden und die Vorbereitungen mit ihnen gemeinsam zu treffen. Also entschieden wir, dass sie den Sarg aussuchen sollten. Das sollte nicht irgendein Sarg aus einer beliebigen Sargfabrik sein, sondern etwas Außergewöhnliches. Es wurde ein amerikanischer Sarg mit Geheimfächern, in die die Kinder etwas hineinlegen und ihrer Mutter mitgeben konnten. Wir suchten ihr gemeinsam ein blaues Abendkleid aus, weil blau ihre Lieblingsfarbe war und sie dieses Kleid zu besonderen Anlässen trug. Den Sarg schlugen wir mit der gleichen Farbe aus einem Seidenstoff aus und machten ihn damit von innen nach ihrem Geschmack schön.

Das Tragischste aber an der Situation war, dass meine Kinder sich nicht von ihrer Mutter verabschieden konnten, da die Folgen des Unfalls es nicht zuließen. Mit der Thanatopraxie lässt sich vieles erreichen, aber bei Brandverletzungen stößt man selbst mit diesen Techniken an Grenzen. Ich musste mir damals von meinen Kindern den Vorwurf machen lassen: »Du kannst sonst immer alles, warum kannst du das jetzt nicht bei der Mama?« Heute, nachdem einige Jahre vergangen und sie erwachsen geworden sind, haben sie für meine damalige Entscheidung Verständnis.

Natürlich musste auch die Trauerfeier organisiert werden. Ich erinnere mich, dass ich am Vorabend noch die Musik raussuchen und auf CD brennen wollte. Doch diese verflixte Brennerei wollte nicht klappen, und der Computer hatte sich gegen mich verschworen. Ich war einfach zu nervös und durcheinander, um Dinge zu erledigen, die mir sonst leicht von der Hand gingen. An diesem Abend fand das dritte und letzte Vorrundenspiel der deutschen Nationalelf bei der Europameisterschaft in den Niederlanden und Belgien statt. Während ich konzentriert versuchte, diese CD zu brennen, hörte ich draußen die Fröhlichkeit der Leute und das unablässige Hupen der Autos. Dieser Gegensatz war für mich nicht auszuhalten und hat mich von Minute zu Minute nervöser und sogar aggressiver gemacht.

Diese Zeit hat mir gezeigt, wie Menschen in solch einer Ausnahmesituation reagieren können, wo ihre Grenzen sind, wie wenig sie nebenher mitbekommen, wie wichtig

Ansprechpartner sind, die versuchen, sie ein wenig zu sortieren und ihnen auch immer wieder zuzuhören. Man bespricht ja mit jedem, dem man in dieser Zeit begegnet, das eigene Leid, ob er es hören will oder nicht. Man macht das ganz automatisch, auch wenn man sonst nicht so mitteilungsbedürftig ist. Diese ganzen Mechanismen habe ich damals plötzlich verstanden. Und zwar nicht, weil sie im Lehr-

Das ist mir bis heute im Bewusstsein geblieben: Die Welt steht für diejenigen still, die jemanden verloren haben und betrauern, und wie grausam es sich gleichzeitig anfühlt, dass das Leben für alle anderen ganz normal weitergeht.

buch stehen und in irgendeiner Prüfung abgefragt werden, sondern weil ich es selbst erlebt habe und betroffen war.

Meine Frau hatte noch vor ihrem Tod eine Reise gebucht. Ich rief im Reisebüro an, schilderte der Person am anderen Ende der Leitung, was geschehen war, und buchte die Reise kurzerhand auf mich und die Kinder um. Wir verschoben den Abflug um eine Woche und hauten nach der Beerdigung einfach ab. Vielleicht auch, um diese mitleidsvollen Gesichter nicht mehr ertragen zu müssen. Es gibt viele Menschen, die sich darüber echauffieren können, wenn jemand in den Urlaub fährt, kurz nachdem der Partner oder die Partnerin gestorben ist. Nachdem ich diese Erfahrung selbst machen musste, habe ich dafür absolutes Verständnis. Es ist das Beste, was man für sich selbst tun kann – nach zwei Wochen Abstand wiederkommen und neu anfangen, da steht man schon wieder ganz woanders. Das, was andere Leute über einen denken und reden, hat für mich durch die

Ereignisse übrigens auch einen ganz anderen Stellenwert bekommen. Es ist mir heute schlichtweg egal.

Die Kinder und ich flogen damals nach Kreta, und es war ein wunderschöner Urlaub. Nach langer Zeit waren wir das erste Mal wieder nur unter uns. Wir waren gemeinsam tauchen oder wanderten an der Küste entlang. Zwischendurch gab es tatsächlich auch Situationen, die mir Angst einflößten. Wenn meine Tochter beispielsweise direkt an der Kante der Felswand stand, ich sie bat, dort wegzukommen, weil sie herunterfallen könnte, sie aber nur trocken erwiderte: »Dann bin ich eben bei der Mama!« Solche Situationen gab es ein paar Mal. Unterm Strich haben sie uns als Familie noch stärker gemacht und enger zusammengeschweißt. Als der Urlaub zu Ende ging und wir zurückkehren mussten, begannen wir langsam jeder auf seine Weise, wieder im normalen Leben Fuß zu fassen.

JENSEITS
DER VORSTELLUNG

Trauer wird meist von tiefgreifenden Fragen begleitet: Warum musste jemand sterben? Was passiert nach dem Tod? Wohin geht die Seele? Für all diese Fragen existieren keine logischen Antworten. Es gibt kein Richtig und kein Falsch. Trotzdem muss man diesen Fragen als Hinterbliebener irgendwie begegnen. Als Bestatter bin ich oftmals auch Ansprechpartner für religiöse oder spirituelle Fragen. Doch wie soll ich beantworten, was ich selbst nicht weiß? Mir persönlich hilft das Vertrauen, Teil eines größeren Ganzen zu sein. Erzählt mir jemand, er würde versuchen, während seines Lebens so gut wie möglich über die Runden zu kommen und unserem Planeten so lange wie möglich erhalten zu bleiben, aber wenn es vorbei ist, ist es vorbei, dann empfinde ich diese Sichtweise als trostlos. Meiner Meinung nach braucht jeder in seinem Leben eine Perspektive. Wenn jemand zum Beispiel davon überzeugt ist, er gäbe seinem Leben einen Sinn durch eigene Kinder und trüge so zur Evolution bei, leiste seinen Beitrag zur Weiterentwicklung der Menschheit, dann ist das eine Perspektive auch über den eigenen Tod hinaus.

Wenn Angehörige von Verstorbenen gläubig sind und ein christliches Begräbnis wünschen, unterstütze ich das, wo ich nur kann. Hier lässt sich die Messe im Auferstehungsgedanken feiern, so dass der Pfarrer nicht im schwarzen, sondern im weißen Gewand seine Ansprache hält. Dann wird nicht zurück, sondern nach vorn geschaut auf diese trostspendende Botschaft, die dahintersteht, nämlich dass der Tod nicht das Ende ist. Das ist auch das, was mir persönlich Halt gibt. Wenn ich alles darauf beschränken wür-

Ich bin überzeugt, jedes Denkmodell, das eine gewisse Sinnhaftigkeit für das eigene Leben bietet, ist hilfreich und tröstlich.

de, was ich hier und jetzt zu Lebzeiten mache, dann wäre das für mich nicht ausreichend. Das stellt mich nicht zufrieden und motiviert mich nicht genügend, um so zu agieren, wie ich es tagtäglich tue. Das kann ich nur, weil ich überzeugt bin, da kommt noch etwas, es geht auch nach dem Tod irgendwie weiter. Dieser Gedanke allein ist schon wertvoll, weil er die Motivation für die positive Gestaltung des Lebens sein kann. Und selbst wenn das das Einzige sein sollte, ist der Gedanke damit schon gerechtfertigt. Deswegen spielt Religion für mich an dieser Stelle auch eine wichtige Rolle. Sie hilft vielen Menschen dabei, die Zeiten tiefer Trauer zu überstehen. Sie bietet Rituale, an denen man sich festhalten kann, Abläufe, die definiert sind, in denen man sich einfindet und sie ausführt. Da spielt es dann auch keine Rolle, wer gerade Papst ist, welche Bischöfe womit Gelder verschwenden oder welche Machtspiele innerhalb der Kirche gespielt werden, da geht es einzig und allein darum, dass man Trost im Glauben findet.

Betrachtet man die Basis einer jeden Religion und instrumentalisiert sie nicht, dann steht immer ein friedvoller Gedanke hinter ihr – der Gedanke eines friedvollen Miteinanders. Die Zehn Gebote beispielsweise sind ein Leitfaden, ähnlich einem Gesetzestext, um das Zusammenleben der christlichen Gemeinschaft zu regeln. Religionen fußen ganz unabhängig von ihrer Jenseitsvorstellung – sei es die Reinkarnation oder das Paradies – auf ganz normalen, handfesten Umgangsregeln. Das allein hat schon einen großen Wert für eine Gemeinschaft. Da wird ein Verhaltenskodex geschaffen, mit dem das Zusammenleben definiert wird. Es werden gemeinsame Werte etabliert. Oder nimmt man den Bereich der Seelsorge – ein wunderschönes Wort übrigens in dem Zusammenhang. Hier werden Menschen im Übergang begleitet, Hinterbliebenen wird Trost gespendet, ihnen wird geholfen, neue Perspektiven zu entdecken und somit zurück ins Leben zu finden. Dies ist eine unglaublich wertvolle Art der Lebenshilfe, die dem christlichen Wertesystem entspringt.

Besonders im Bereich der Bestattungen spielt in unserem Kulturkreis ein christlicher Grundgedanke eine zentrale Rolle. Zwar gibt es im zunehmenden Maße Bestattungen, die nicht von katholischen oder evangelischen Geistlichen gestaltet werden, weil die Verstorbenen im Laufe ihres Lebens aus der Kirche ausgetreten sind, aber rein atheistische Trauerfeiern gibt es dennoch selten. Die meisten Menschen entwickeln eine individuelle Einstellung zum Glauben, die dann meist dazu führt, dass sie sich nicht mehr an jede Regel, die ihnen vorgegeben wird, halten. Jeden Sonntag die Messe zu besuchen ist für viele vielleicht nicht mehr so wichtig und zeitgemäß, und trotzdem ist der christliche Grundgedanke bei ihnen präsent. Insofern spielen die bekannten unterschiedlichen Trauerrituale bei Bestattungen bis heute eine ganz wesentliche Rolle. Es gibt den Menschen Halt, wenn der Pfarrer beispielsweise in der Kirche mit dem Weihrauch nach vorne zum Altar schreitet. Für viele Christen ist es das trostspendendste Bild schlechthin. Und auch bei allen anderen Religionen gibt es Rituale, die den Gläubigen in schweren Stunden zur Seite gestellt werden – natürlich immer in unterschiedlichen Ausprägungen.

In der katholischen Kirche ist ursprünglich ein Ritus an drei Orten vorgesehen. Zunächst trifft sich die Trauergemeinde in der Kirche zu einem Gottesdienst, den Exequien, danach findet eine Trauerfeier mit dem Sarg oder der Urne in der mit Blumen und Kerzen geschmückten Trauerhalle

Meiner Meinung nach haben Religionen allein durch ihre positiven Auswirkungen auf das menschliche Miteinander schon ihre Existenzberechtigung.

des Friedhofs statt, und anschließend kommt es zum Grabgang. Mit dem Sechswochenamt und schließlich dem ersten Jahrgedächtnis vollendet sich ein Zyklus, der das Ende des Trauerjahres markiert. Im Anschluss wird einmal im Jahr zum Todestag im Gottesdienst an die verstorbene Person erinnert. Bei einer evangelischen Bestattung gibt es die Heilige Messe nicht, da findet in der Regel ein Trauergottesdienst entweder auf dem Friedhof oder in der Kirche statt mit anschließendem Grabgang. Im Judentum gibt es zunächst eine rituelle Waschung, die nach genauen Vorschriften zu erfolgen hat. Unser Beerdigungsinstitut organisiert viele Bestattungen für die beiden jüdischen Gemeinden in Köln, für die orthodoxe Synagogengemeinde und für die liberale Gemeinde. Vereinfachend lässt sich vielleicht sagen, dass die liberale Gemeinde – ähnlich wie die evangelische Ausprägung vom Christentum – eine weniger strenge Form des Judentums lebt. Hier sind beispielsweise auch weibliche Rabbis zugelassen. Bei beiden Ausprägungen sind die Abläufe identisch, da gibt es die rituellen Waschungen, eine Trauerfeier und eine Grablegung. Anders als im Christentum bleibt hier das Grab ewig bestehen. Zwar wird es anschließend nicht mehr so häufig besucht und aufwendig bepflanzt wie bei den Christen, dennoch werden die Gräber nach einigen Jahren nicht noch einmal belegt. In Amerika werden die Gräber, unabhängig welcher Religion man angehört, ebenfalls kein weiteres Mal belegt. Dort hat sich diese Tradition über Jahrhunderte entwickelt. Der Islam schreibt seinen Gläubigen ebenfalls eine rituelle Waschung vor. Anstelle einer Trauerfeier begleitet man den Sarg zum Grab, wo dann eine Ansprache gehalten und unter Umständen noch Musik gemacht und gesungen wird. Sowohl im muslimischen als auch im jüdischen Bestattungsritus gibt es an und für sich keinen Sarg – er ist eine westliche Erfindung. Bei Muslimen und Juden werden Verstorbene normalerweise in ein Tuch eingeschlagen und darin beigesetzt. In Deutschland lässt sich das etwas schwieriger umsetzen, weil hier die Gräber tiefer sind. In der Regel beträgt die Grabtiefe zwischen 1,60 und 1,80 Meter, was selbstverständlich einer Norm entspricht. Bei dieser Tiefe müsste man erst einmal mit einer Leiter in das Grab steigen, um dort einen in ein Tuch gewickelten Leichnam ablegen zu können. Hinterher müsste man über die Leiter auch wieder aus dem Grab heraussteigen. Das alles wäre schon per se nicht besonders würdevoll, wie man es sich in solch einer Situation wünscht. Und wenn der Verstorbene dann auch noch etwas schwerer wäre, müsste man entsprechend viele Helfer in das Grab hinabsteigen lassen ... In Israel sind die

Gräber nicht so tief. Und die Verstorbenen liegen fast unter der Erdoberfläche, so dass das Hineinlegen einfacher ist.

In Nordrhein-Westfalen wurde lange Zeit per Gesetz geregelt, wie lang, breit und hoch ein Sarg zu sein hatte und aus welchem Material seine einzelnen Bestandteile gefertigt sein mussten. Alles war typisch Deutsch bis ins Detail festgelegt und unterstand Normen. Aufgrund der Religionsunterschiede wurden diese Vorschriften jedoch aus dem Gesetz gestrichen. In der Folge regeln sich diese Dinge heute über die jeweilige Friedhofsordnung, so dass sich Muslime oder Juden, wenn gewünscht, einen Friedhof suchen können, der Bestattungen ohne Sarg zulässt.

In Köln darf man eine Bestattung ohne Sarg durchführen, muss sich allerdings selbst um die Durchführung kümmern. Kein städtischer Mitarbeiter beerdigt hier Verstorbene ohne Sarg. Nach meiner Erfahrung haben beide Religionsgemeinschaften für sich einen Kompromiss ge-

Bei allen Unterschieden von Judentum und Islam, die teilweise so gern hervorgehoben werden, stelle ich in meiner Arbeit fest, dass sich der Bestattungsritus beider Religionsgemeinschaften in bestimmten Punkten ähnlich ist.

funden. Bei uns finden zum Beispiel alle jüdischen Bestattungen in Särgen statt – allerdings in besonderen Särgen, die ganz schlicht sind und ohne Nägel aus Metall gefertigt werden. Sogar die Griffe sind in das Holz hineingearbeitet. Sie werden auch nicht lackiert oder in einer bestimmten Farbe gestrichen. Alles muss nach religiöser Vorgabe einfach und koscher sein.

Orthodoxe Bestattungen zeichnen sich dadurch aus, dass eine Trauerfeier in der Kirche erfolgt – meistens am offenen Sarg. Das ist dann auch für uns immer eine kleine Herausforderung, da wir, bevor die Menschen den Raum betreten, sie darauf hinweisen müssen, dass der Sarg geöffnet ist. Wenn sich eine Trauergemeinde mit unterschiedlichem religiösen Hintergrund in der Kirche einfindet, weiß nicht jeder automatisch, dass der Verstorbene sichtbar aufgebahrt ist. Auch die Abläufe sind in der orthodoxen Kirche ein wenig anders, hier gibt es unter Umständen den Ritus, dass Öl und Wein mit ins Grab gegossen werden. Ich erwähnte ja bereits den Priester, der auch gern mal die Flaschen hinterherwirft.

Im Hinduismus wird eine Trauerzeremonie normalerweise im Tempel abgehalten. Entweder werden Verstorbene dorthin gebracht, um diese Zeremonie zu begehen, oder Geistliche aus dem Tempel begleiten die von uns organisierte Trauerfeier. Danach wird in der Regel der Verstorbene eingeäschert und die Urne beigesetzt. Es besteht aber auch oftmals der Wunsch einer Überführung nach Indien. Wir haben es schon einige Male erlebt, dass die Urne von der Familie bei der nächsten Reise nach Indien mitgenommen und die Asche des Verstorbenen in den für die Hindus heiligen Fluss Ganges gestreut wurde.

Bei buddhistischen Bestattungen wird die Trauerfeier von Mönchen begleitet. Gesänge und Meditation sind wesentliche Aspekte dieser Zeremonie, Reden oder Ansprachen spielen dagegen nur eine untergeordnete Rolle. Ich habe einen Fall erlebt, bei dem leider kein Mönch anwesend sein konnte und stattdessen die Gebete in elektronischer Form dargeboten wurden. Zu diesem Zweck wurde ein kleiner Würfel aktiviert, der fortan vor sich hin betete. Dieser elektronische Würfel wurde einfach in den Sarg gelegt. Ein äußerst pragmatischer Umgang mit dem göttlichen Wort!

Ein weiteres Mal, bei dem wir nicht schlecht staunten, bat uns eine thailändische Familie darum, Lunchpakete für die Trauergäste vorzubereiten. Bei der Trauerfeier standen daher fünfzig dieser kleinen Boxen mit Essen und Trinken am Ausgang der Trauerhalle, und jeder Gast griff sich am Ende der Feier eine davon und ging damit nach Hause.

Religionsübergreifend kann auch die Totenwache ein Ritus sein, der eher kulturell als religiös geprägt ist. Bei Sinti- und Roma-Beerdigungen ist es beispielsweise üblich, dass die komplette Familiengemeinschaft mehr oder weniger bis zur Bestattung Totenwache hält und in dieser Zeit beim Verstorbenen lebt. Es wird in Gegenwart des Verstorbenen gegessen, getrunken und geschlafen. Für ein Bestattungshaus ist das eine große Herausforderung. Natürlich haben wir Abschiedsräume, zu denen die Hinterbliebenen auch einen Schlüssel erhalten, um ihren Verstorbenen jederzeit besuchen zu können. Aber um dort zu wohnen, sind diese Räume eigentlich nicht ausgelegt. In solch einem Fall lässt sich ein Sarg ausnahmsweise auch mal zu einem Wohnwagen bringen und dort aufbahren. So können die Angehörigen in ihrem gewohnten Umfeld für die Tage bis zur Beisetzung ihre Totenwache abhalten.

Auch bei uns in Deutschland hat man früher bei den Toten gesessen und die Särge von dort aus zur Kirche und dann zur Beerdigung auf den Friedhof gebracht. Das ist ein Ritus, den ich nur aus Erzählungen und von alten Fotos her kenne. Ich mache in den vergangenen Jahren immer häufiger die Erfahrung, dass lange Abschiednahmen wieder wichtiger für die Hinterbliebenen werden, dass eine Witwe beispielsweise mal eine Nacht bei ihrem verstorbenen Mann verbringen möchte, weil sie zu Hause sowieso nicht schlafen kann. Das ist für mich vollkommen nachvollziehbar. Bei Italienern ist es ebenfalls üblich, dass man sich am Sarg trifft, dort isst und trinkt, Zeit verbringt und auch mal eine Nacht neben dem Toten verweilt. Insofern kommt das Thema Totenwache immer stärker auf und spielt in den verschiedensten Kulturen hier in Deutschland wieder eine größere Rolle.

Als Bestatter sehe ich mich dabei im Grunde genommen als eine Art weiße Leinwand, auf die alle Wünsche der betroffenen Familien projiziert werden können – nach vielen Jahren in diesem Beruf weiß ich um die Vielfalt der Bräuche und bin trotzdem immer wieder überrascht, was ich alles noch nicht kenne und in was ich mich einarbeiten muss. Deswegen begegne ich Menschen und ihren Meinungen stets offen und unvoreingenommen. Das ist der große Reichtum, den mir mein Beruf beschert, weil ich im Zuge eines Trauerfalls plötzlich auch die Einstellung zum Leben und zum Tod von unterschiedlichen Menschen kennenlerne.

Ich habe verstanden, dass, egal welcher Religion wir uns zugehörig fühlen, wir alle traurig sind, wenn ein geliebter Mensch stirbt, und dass wir alle der Toten gedenken, sie mehr oder weniger waschen, sorgsam verpacken und entweder beerdigen oder einäschern.

Natürlich beschäftigt mich auch persönlich die Frage, ob da noch etwas ist jenseits des gelebten Lebens. Nach dem Tod von mir nahestehenden Menschen habe ich oftmals noch ein Gefühl von körperlicher Nähe. Es ist ein Gefühl, das nahezu jeder kennt, weil es im Alltag häufiger auftritt.

Sitze ich zum Beispiel an meinem Schreibtisch und bin vertieft in meine Arbeit, so spüre ich dennoch instinktiv, wenn meine Frau oder die Kinder leise hinter mich treten. Es braucht keinen Schulterblick und keine Frage, ich weiß, dass sie hinter mir stehen. Solche Situationen kennen sicher viele Menschen. Dieses Gefühl kenne ich jedoch auch in der Form, dass ich es manchmal noch nach dem Tod eines sehr nahestehenden Menschen spüren kann. Als es bei mir zum ersten Mal auftrat, habe ich es als sehr gruselig wahrgenommen. Der Verstand sagte mir, sie kann nicht hinter dir stehen, da sie im Sarg liegt und bereits seit einiger Zeit beigesetzt ist. Das Gefühl aber sagte ganz klar, sie steht da. Das war nach dem Tod meiner ersten Frau so massiv, dass es mir große Angst gemacht hat. Ich bin Christ und glaube, dass es etwas gibt zwischen Himmel und Erde, das uns Menschen verborgen ist. Das wird nicht die Wolke sein, auf der man nach seinem Tod sitzt, und auch nicht das Fegefeuer, das irgendwo unter der Erde lodert. Bei mir gibt es kein spezielles Bild, welches ich vor Augen habe, wenn ich darüber nachdenke. Vielleicht ist es eine Art von anderer Dimension, in der man sich später wiederfindet. Und vielleicht tragen wir diese andere Dimension, in die wir einmal entschwinden werden, schon vor dem Tod in uns, und sie begleitet uns das ganze Leben lang. Wenn ich Verstorbene versorge, spüre ich deutlich, dass entseelte Körper anders sind. Sie verlieren eben genau das, was das Leben ausmacht. Nicht nur der Kreislauf, die Temperatur und die Farbe der Haut verändern sich mit dem Tod, da ist noch etwas anderes, das sich verändert.

Es ist schwer zu erklären und macht sich bei mir nur durch ein Gefühl bemerkbar. Vielleicht ist es die Aura eines

Menschen, mit der man es am besten beschreiben kann. Aus dieser Erfahrung heraus denke ich, dass wir diese Dimension, dieses Bewusstsein unser Leben lang in uns tragen, dass sich diese Verbindung nach unserem Tod löst und dass sie uns – die Hinterbliebenen – auch noch eine Zeitlang begleitet, wenn es nötig ist. Manche reden von Engeln, das tue ich nicht. Und dennoch habe ich das Gefühl, ich werde beschützt, jemand passt auf mich auf. Das gibt mir ein gutes Gefühl, wer oder was das auch immer sein mag. Ich denke einfach, wir Menschen können das alles gar nicht wirklich verstehen und fassen. Aber es existiert. Das ist mein Denkmodell, mit dem ich persönlich gut leben und mit dem ich auch meinen Beruf gut ausüben kann. Es lässt sich mit allem vereinbaren, was ich glaube. Und da kein Mensch wirklich weiß, was nach dem Tod kommt, konnte mir bisher auch noch niemand das Gegenteil beweisen.

So erschreckend dieses Gefühl der körperlichen Nähe anfangs für mich war, umso mehr habe ich später damit meinen Frieden geschlossen. Irgendwann freute ich mich sogar, wenn es wieder auftrat. Heute brauche ich gar nicht mehr darüber nachzudenken, ich spüre das einfach – allerdings nur bei Menschen, zu denen ich zu Lebzeiten eine enge Verbindung hatte. Kannte ich den Verstorbenen nicht, dann tritt auch diese Nähe nicht auf. Das Gefühl wird aber weniger und verblasst mit der Zeit. Meine Erklärung hierfür ist ganz einfach: Ich denke, anfangs ist der Mensch, der diese Welt verlassen hat, noch in der Nähe, dann entfernt er sich langsam, wir entfernen uns voneinander, und am Ende geht er ganz. Viele Menschen gehen davon aus, dass es für eine gewisse Zeit noch eine Nähe von Seele und Körper gibt.

Die amerikanische Fernsehserie »Six Feet Under« arbeite-te genau mit diesem Stilmittel. Da stand der Bestatter bei einem Verstorbenen am Versorgungstisch, während dieser daneben saß, und schnell entwickelte sich ein Zwiegespräch zwischen den beiden.

Wir wissen nicht, wann die Wahrnehmung endet. Die Zellen im Körper stellen erst nach und nach ihre Arbeit ein, so viel wissen wir zumindest. Manche von ihnen arbeiten ein bisschen länger, manche arbeiten kürzer. Ich habe keine Ahnung, was die Seele ausmacht und wann sie wirklich geht. Deshalb gehe ich sehr bewusst mit den Toten um, denn sie sind kein Gegenstand, sondern sie sind Menschen. Das ist eine Frage des Respekts. Wasche ich jemanden und kleide ihn an, mache ich das so, als würde er noch leben. Wenn ich denke, der Verstorbene schaut mir über die Schulter bei

Ich arbeite in dem Bewusstsein, dass der Verstorbene möglicherweise noch mitbekommt, wie ich ihn versorge, und dass er mir vielleicht bei meiner Arbeit zusieht.

dem, was ich gerade tue, dann entwickle ich plötzlich einen sehr hohen Anspruch an mein Handeln. Diese Sichtweise misst der ganzen Versorgung von Verstorbenen einen gro-ßen Wert bei, und deswegen habe ich auch kein Problem da-mit, wenn Angehörige beim Waschen oder Ankleiden dabei sein möchten. Für unsere Arbeit macht es keinen großen Unterschied – einen Beobachter haben wir ja sowieso.

Übrigens gibt es den weitverbreiteten Brauch, dass Men-schen ein Fenster öffnen, wenn jemand stirbt, damit die Seele den Raum verlassen kann. Ich denke, wenn die Seele es geschafft hat, aus dem Menschen auszutreten, dann schafft sie es auch durch das geschlossene Fenster.

Es gibt so viele Geschichten, die sich zutragen, bei denen wir aufhorchen und ungläubig danebenstehen. Für mich sind das Beweise dafür, dass eben nicht alles erklärbar ist auf dieser Welt. Wir hatten vor kurzer Zeit einen Sterbefall von einem Ehepaar. Der Mann war demenziell verändert und lebte schon seit einiger Zeit in einem Heim, wo er im letzten Stadium der Demenz am Leben gar nicht mehr aktiv teilnahm. Seine Frau lebte noch zu Hause, hatte nicht einmal eine Putzfrau und war in ihrem Alltag sehr agil. Doch sie verstarb urplötzlich an einem Herzinfarkt. Nur zwanzig Minuten später starb auch ihr Mann, was wir später auf dem Totenschein sehen konnten. Er hatte noch gar nicht erfahren, dass seine Frau gerade verstorben war. War es ein Zufall, dass sie nur wenige Minuten nacheinander verstarben? Daran mag ich nicht glauben. Mich bringen solche Geschichten stets zum Nachdenken. Es gibt so viele Dinge, die wir nicht verstehen, aber an die wir glauben können. Ich höre einige Leute schon sagen: »Der Kuckelkorn, der spinnt doch!« Daran kann ich nichts ändern. Mir gibt dieses Bild, das ich in mir trage, eine tiefe Zufriedenheit – sowohl im Beruf als auch persönlich. Vielleicht habe ich deshalb auch keine Angst vor meinem eigenen Tod. Wenn es einmal so weit ist, dann kann ich, glaube ich, gut mit meinem Leben abschließen. Wir Menschen leben unser Leben und tun unser Möglichstes, um es für uns und für andere gut zu gestalten, und irgendwann ist es zu Ende. Für mich ist dieser Verlauf so völlig in Ordnung. Allerdings habe ich, wie so viele andere Menschen, Angst vor dem Sterben. Denn Sterben ist nicht schön. Es kann Schmerzen bedeuten, oder langes Leiden geht dem endgültigen Ende voraus. Aber ich fürchte, dass das Schlimmste am Sterben das Loslassen sein wird. Ich bin ein Mensch, der immer sehr stark bei den anderen ist und sie in den Vordergrund stellt. Deswegen kann ich mir auch nicht vorstellen, dass ich im Sterben eine Sicht einnehmen werde, die nur auf mich fixiert sein wird. Ganz nach dem Motto: »Hoffentlich bist du schnell weg.« Vielmehr, denke ich, werde ich gedanklich bei meiner Frau und meinen Kindern sein, wie traurig sie sein müssen oder ob ich ihnen alles mitgegeben habe fürs Leben. Ich merke, daran habe ich jetzt schon zu knabbern. Wenn ich durch die Sicherheitskontrolle am Flughafen gehe und meine Familie fliegt nicht mit, fühlt es sich für mich manchmal an wie Sterben. Ich lasse die zurück, die ich am meisten liebe. Unweigerlich, weil ich den Flieger erreichen muss. So stelle ich mir den Übergang vor. Auch wenn ich zuversichtlich bin, dass wir uns irgendwann nach dem Tod wiedersehen werden, habe ich ein bisschen Angst davor. Die Türe endgültig zu schließen, um zu gehen und meine Frau, Kinder und Enkelkinder zurückzulassen, das wird eine große Herausforderung für mich werden, da bin ich mir ganz sicher. Davor kann mich auch die lebenslange, tägliche Beschäftigung mit dem Tod nicht ganz bewahren.

DEM TOD
EIN GESICHT GEBEN

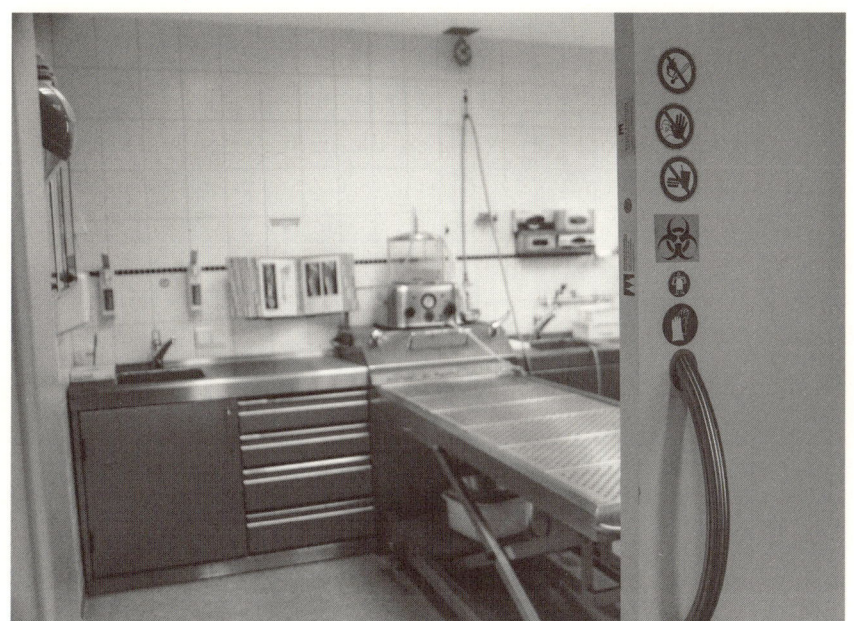

Der persönliche Abschied von einem Verstorbenen gehört zu den entscheidenden Momenten der Trauer, das weiß ich inzwischen aus eigener leidvoller Erfahrung. Und das gilt umso mehr, je plötzlicher der Tod über einen hereinbricht. Viele Menschen hegen Ängste und Vorbehalte vor diesem Moment des Verabschiedens. Oftmals erleben wir, dass sich Menschen die Begegnung am offenen Sarg nicht zutrauen. Aus gutem Grund versuchen wir in diesen Fällen, die Menschen von dem unschätzbaren Wert einer persönlichen Abschiednahme zu überzeugen. Wir begleiten die Familien ganz behutsam bei der Annäherung an diese Situation und hören danach immer wieder, wie gut und wichtig dieser Abschied für sie war. Eine grundsätzliche Voraussetzung für eine solche Abschiednahme ist natürlich, dass sich die Verstorbenen zu diesem Zeitpunkt in einem guten, also einem für die Angehörigen zumutbaren, würdevollen Zustand befinden. Und unsere Aufgabe als Bestatter ist es, genau diesen Zustand herbeizuführen.

Es kamen einmal drei erwachsene Kinder einer verstorbenen Frau, zwei Söhne und eine Tochter, zu uns. Während der Beratung dominierten die beiden Männer sehr stark das Gespräch. Die Schwester war viel emotionaler in dieser Situation als ihre Brüder. Irgendwann kamen wir auf den Punkt zu sprechen, dass es die Möglichkeit gibt, sich zu verabschieden oder die Mutter für die Bestattung sogar selbst herzurichten. Die beiden Brüder polterten sofort los: »Kommt gar nicht in Frage, das wollen wir nicht! Wir machen eine Trauerfeier auf dem Friedhof, so wie das immer in unserer Familie gemacht wurde. Ende, aus.« Selbst als ich noch einmal versuchte, die Idee dahinter zu erläutern, wurde ich von ihnen barsch abgewiesen. Also hakte ich das für mich ab und dachte still: »Du hast es zumindest erwähnt.« Am nächsten Tag rief die Tochter bei mir an und kam auf mein Angebot zurück. »Meine Brüder müssen das ja erst einmal nicht wissen, aber können Sie mich anrufen, wenn Sie meine Mutter bei sich haben? Ich würde gerne dabei sein, wenn Sie sie ankleiden. Ich möchte einfach das Gefühl haben, noch ein bisschen bei ihr zu sein.« Sie ist dann gekommen, hat zunächst danebengestanden und später auch geholfen. Sie hat ihre Mutter angekleidet, ihr die Haare geföhnt und sie geschminkt. Die Tochter hatte sogar einen eigenen Lippenstift mitgebracht, dessen Farbe der Mutter besonders gut gefallen hatte. Am Schluss brachten wir ihre Mutter gemeinsam in den Abschiedsraum. Das war eine tiefe, wunderschöne Situation, von der die Frau danach auch ihren Brüdern erzählte. Am Tag der Trauerfeier war die Tochter von Beginn an in der Rolle einer Gastgeberin. Sie ging zu den Leuten, ganz offen, bot ihnen einen Platz an, kommunizierte und agierte. In meinen Augen war diese Frau bereits richtig frei und ging gelöst mit ihrer Trauer um. Die Brüder saßen vorne in der ersten Reihe und waren zu keinem Wort fähig. Sie waren noch völlig in ihrer Trauer um die geliebte Mutter gefangen.

Selten konnte ich den Unterschied, den die persönliche Abschiednahme ausmacht, so unmittelbar beobachten. Mir kam es fast vor wie eine kleine Feldstudie, die extra für mich unternommen wurde. Die Erfahrung, nicht nur dabei zu sein und zu sehen, wie die eigene Mutter hergerichtet wird, sondern sie auch zu berühren und sich in diesen Prozess der Vorbereitung mit einbeziehen zu lassen, bringt Hinterbliebene ein unsagbar großes Stück voran in ihrer Trauerarbeit. Das ist ein ganz wichtiger Faktor. Man braucht auch keine Angst davor zu haben, weil es weder schlimm noch schrecklich ist. Es ist immer noch die eigene Mutter, das ist immer noch der Körper, aus dem man einst hervorgegangen ist und mit dem man viele Dinge geteilt hat. Und selbst wenn die letzten Jahre kaum schöne Erinnerungen hinterlassen haben, weil die Verstorbene vielleicht im Pflegeheim oder im Krankenhaus gelegen hat oder weil ein schwerer Todeskampf oder langes Leiden dem Ableben vorausgegangen ist, am Ende stehen all dem diese friedvollen Bilder entgegen, die sich während der Vorbereitung einprägen. Dann ist da plötzlich etwas, womit sich leichter Frieden schließen lässt: »In den letzten fünf Wochen hat sie immer so schwer geatmet. Und jetzt ist da nur noch Entspannung, Ruhe und dieses Gefühl der Gelassenheit. Wenn das der Tod ist, dann ist er nicht schlimm.«

Immer wieder höre ich von Menschen, dass sie die Angst vor dem Tod verloren haben, nachdem sie das entspannte Gesicht der Mutter oder das des Vaters gesehen haben. Deswegen denke ich, dass es einfach wichtig ist, die Menschen in diesen ganz natürlichen Prozess mit einzubeziehen.

Als ich in unserem Familienunternehmen erstmals mit meinem späteren Beruf in Berührung kam, spielten diese Dinge auch bei mir kaum eine Rolle. Meine ersten fünf bis zehn Berufsjahre bemühte ich mich, alles zu verstehen, alles in mich aufzusaugen und das Bestatterhandwerk so zu leben, wie meine Eltern es getan hatten. Erst dann kam ich an einen Punkt, an dem ich spürte, dass ich gern etwas anders machen würde. Damals arbeitete ich hauptsächlich im technischen Bereich unseres Unternehmens, das heißt, ich kümmerte mich um die Abholung von Verstorbenen, die Überführung, den Aufbau von Dekorationen und eben auch um die Versorgung der Verstorbenen. Mehr und mehr störte mich, dass es so wenige persönliche Abschiednahmen gab. Schon in den 1980er Jahren boten wir Hinterbliebenen eigene Abschiedsräume an, doch die Nachfrage war extrem gering.

Im Verlauf meiner beruflichen Ausbildung wurden vom Berufsverband nur rudimentäre Ansätze zu diesen Fragen

Mich beschäftigte immer mehr die Frage, wie ich Verstorbene in einen Zustand versetzen könnte, der einen persönlichen Abschied für die Angehörigen überhaupt erst möglich macht.

angeboten. Weil mich das aber nicht zufriedenstellte, besuchte ich schon damals sogenannte Kosmetikseminare, bei denen es darum ging, genau diese negativen Begleiterscheinungen, die der Tod mit sich bringt, abzumildern.

Die Veränderungen des Körpers nach dem Tod sind natürlich von Mensch zu Mensch sehr unterschiedlich, und ich merkte sehr schnell, dass die reine Kosmetik oftmals nicht zufriedenstellend war. Glücklicherweise fand ich einen Kreis junger Bestatter, die alle so dachten wie ich und mit denen ich nach neuen Wegen suchte. In Frankreich und in den USA hatte sich schon seit vielen Jahrzehnten und teilweise sogar Jahrhunderten das Konservieren von Verstorben in der Praxis durchgesetzt. In den Staaten wurde diese Form der Versorgung bei allen Erdbestattungen praktiziert, weil dort das sogenannte »Viewing« bei der Trauerfeier, also die Abschiednahme am offenen Sarg, die Regel war. Wir kennen das aus amerikanischen Filmen, dass die Trauerreden neben dem geöffneten Sarg gehalten werden. Je kürzer der zeitliche Abstand zwischen Eintritt des Todes und der Trauerfeier ist, umso eher reicht eine einfache Kühlung des Verstorbenen aus. Aber jeder kennt das von Lebensmitteln, die im Kühlschrank lagern. Selbst hier kann es sein, dass sich bestimmte Prozesse plötzlich viel schneller abspielen, sobald das Lebensmittel aus dem Kühlschrank herausgeholt wird. Insofern ist die reine Kühlung kein adäquater Weg, um zu garantieren, dass der Körper eines Verstorbenen auch eine Woche nach dem Tod noch in vorzeigbarem Zustand ist. Napoleon sorgte zu seiner Zeit für die entscheidenden medizinischen Forschungen. Er hatte sich in den Kopf gesetzt, dass all seine gefallenen Soldaten in Heimaterde bestattet werden sollten. Fiel also ein französischer Soldat in der Schlacht, sollte er mit dem Pferdewagen querfeldein durch Europa nach Hause gebracht werden. Um dies durchzusetzen, ließ Napoleon Ärzte erforschen, wie die Körper der gefallenen Soldaten eine solche Reise überstehen könnten. Der Wissenschaftler Jean-Nicolas Gannal experimentierte relativ früh mit dem Gefäßsystem des menschlichen Körpers. Die Adern, Arterien und Venen, sind ja perfekt geeignet, um über sie den gesamten Körper zu erreichen. Über die Kapillare kommt man bis zu den letzten Zellen eines Körpers. So entstanden die Forschungen über verschiedene Konservierungslösungen, die man über das Gefäßsystem in den Körper einbringen konnte, um seine sogenannte Selbstverdauung und die damit verbundenen unschönen Begleiterscheinungen zurückzudrängen. Mit der Auswanderungswelle gelangte diese Forschung nach Amerika, wo die Methodik perfektioniert wurde, um später wieder nach Europa zurückzukehren. Frankreich, Großbritannien und die USA werden heute als Mutterländer dieser Versorgungspraxis bezeichnet. In Deutschland kamen diese Praktiken im Endeffekt erst Mitte der 1990er Jahre an. Das war der Start für die Thanatopraxie – einmal als eigenständiges Berufsbild, aber auch als Teilbereich unseres Berufs als Bestatter.

Für mich ist die Thanatopraxie ein unglaublich weites Feld. Wenn jemand vor seinem Tod lange im Krankenhaus gelegen hat und nicht in seinem gewohnten Umfeld sterben

Eine Familie kann doch viel eher Frieden schließen, wenn die Mutter bei der Abschiednahme mit gewaschenen und vernünftig geföhnten Haaren sowie gekürzten Fingernägeln im Sarg liegt und wenn sie das Abendkleid von ihrem achtzigsten Geburtstag trägt.

konnte, dann ist für mich die Würde, die der Mensch verdient hat, schon nicht mehr gegeben. Oftmals haben diese Menschen fettige Haare, die Fingernägel wurden ihnen nicht mehr gekürzt und vieles weitere. Wenn wir Verstorbene in so einem Zustand abholen und einsargen, dann denke ich oft, dass diese Person das zu Lebzeiten vermutlich niemals zugelassen und das auch jetzt nicht gewollt hätte.

Falls es mir möglich ist herauszufinden, dass es beispielsweise eine Dame war, die unheimlich großen Wert auf ihr

Äußeres gelegt hat, dann färbe ich auch schon mal den Haaransatz nach. Das hat für mich etwas mit der Würde der verstorbenen Person zu tun. Es sind alles nur kleine Elemente und kleine Arbeitsschritte, die die Angehörigen in dem Moment vielleicht gar nicht bewusst wahrnehmen. Aber am Ende kommen sie zu mir und bedanken sich oft mit dem Satz: »Wissen Sie, jetzt war die Mutter vier Wochen im Krankenhaus, eine leidvolle Zeit, aber der Abschied heute war so schön und friedlich, dass wir dieses Bild mitnehmen und die Zeit im Krankenhaus damit auch vergessen können.« An dieser Stelle ist für mich die Würde wiederhergestellt – genau darum geht es mir.

Nicht immer lässt sich dies durch solch vergleichsweise simple Handlungen erreichen. Verstirbt eine Person durch ein Unfallereignis, hat beispielsweise ein zerstörtes Bein oder sogar einen stark verletzten Kopf, dann bedarf es einer sehr viel umfangreicheren Versorgung. Denn so viel ist klar, kein Arzt wird sich den abgetrennten Körperteilen mehr widmen, diese kommen in einen sogenannten Bodybag. Das ist eine Kunststoffhülle, die verschlossen ins Institut für Rechtsmedizin gebracht wird. Nach der Freigabe der Polizei übernimmt dann der Bestatter die körperlichen Überreste. Nun könnte man es sich natürlich einfach machen und der Familie den Rat geben, den verstorbenen Menschen besser so in Erinnerung zu behalten, wie sie ihn kannte. So einen eindringlichen Appell akzeptiert fast jeder Hinterbliebene, da er auf das Urteil des Profis vertraut. Manchmal ist es aber ratsam, dass man nochmals nachfragt und darum bittet, ob eine Verabschiedung am offenen Sarg doch noch möglich sei. Ich treffe mich zum Beispiel regelmäßig mit Notfallseelsorgern, die häufig bei Unfällen vor Ort sind, und erläutere denen, was Bestatter tatsächlich alles tun können, um betroffenen Familien bei ihrem Abschied zu helfen. Ich halte das für eine ganz sinnvolle Sache für den Fall, dass die Familien an Kollegen geraten, die diese spezielle Art der Versorgung nicht durchführen können. So wird ihnen dennoch diese Möglichkeit des persönlichen Abschieds offeriert. Unsere Aufgabe sehe ich in solch einem Fall darin, Wunden zu schließen, Narben zu verdecken, Brüche zu schienen oder amputierte Gliedmaßen wieder anzufügen, um wieder eine Situation zu erzeugen, in der überhaupt Abschied genommen werden kann. Man darf sich nicht vorstellen, dass man nach erfolgter Versorgung gar keine Verletzungen mehr sieht. Das wäre auch nicht sinnvoll. Die Familie soll ja verstehen, dass ihr Angehöriger verstorben ist, und die Ursache nicht vollkommen ausblenden. Aber

Familien von Unfallopfern kommen oft nach ihrem Abschied zu mir und sagen: »Wir haben uns das viel schlimmer vorgestellt.« Wir als Bestatter wissen dann, dass es auch sehr schlimm war, doch da müssen wir ja nicht drüber reden. Was zählt, ist der Moment des würdevollen Abschieds.

dafür muss keine große Platzwunde im Gesichtsbereich klaffen. Wenn dort eine Naht sichtbar ist, kann sich jeder vorstellen, dass dort eine Wunde war, trotzdem ist der Abschied in dem Moment friedvoll. Darin besteht die große Kunst der Thanatopraxie.

In Deutschland gibt es heute wohl an die Hundert Thanatopraktiker. Wir können schon vieles, was andere Bestatter nicht können – und doch haben unsere Fähigkeiten ihre Grenzen. In dem Moment, wo der Körper eines Unfallopfers so stark zerstört ist, dass er nicht mehr rekonstruktionsfähig ist, können selbst wir nichts mehr tun. Wie zum Beispiel kann ich etwas rekonstruieren, das nicht mehr da ist – wie Haare oder Haut bei Verbrennungen? An diesem Punkt sind wir machtlos. Ebenfalls schwierig wird es, wenn Verstorbene sehr lange gelegen haben, bis sie gefunden wurden. In den ersten Stadien können wir den Folgen von Insektenbefall noch Herr werden, später wird es zunehmend schwerer. Kommt es zu Insektenfraß oder sogar Tierfraß – im Wald oder im Meer –, so dass eventuell auch Teile des Körpers fehlen, ist die Wiederherstellung für die Abschiednahme sehr aufwendig. Und dann gibt es auch noch stark zerstörende Verletzungen, die man jeweils von Fall zu Fall beurteilen muss. Wenn jemand von einem fahrenden ICE überrollt wird, ist unter Umständen eine Rekonstruktion nicht mehr möglich. Manchmal aber doch. Wir haben durchaus auch schon solche Fälle zu vernünftigen, guten Abschiednahmen gebracht. Ein anderes Beispiel ist, wenn jemand Suizid begangen und sich mit einer Schrotflinte in den Kopf geschossen hat. Wir sind sehr geübt in der Rekonstruktion von Schädeln und können sogar partielle Elemente ersetzen, die nicht mehr aufgefunden werden können. Möglich ist also tatsächlich vieles, und es wird immer versucht, das beste Ergebnis für eine würdevolle Abschiednahme zu erzielen.

Meist wissen wir schon von Anfang an, ob eine Abschiednahme möglich sein wird oder nicht. Bei einem »normalen« Sterbefall können wir im Grunde genommen eine Abschiednahme zusagen, ohne den Verstorbenen zuvor gesehen zu haben. Da spricht normalerweise nichts dagegen. Und sollte sich an unserer ersten Einschätzung etwas ändern, dann muss man mit den Angehörigen noch einmal reden. Wir hatten einmal den Fall, dass ein Mann im Krankenhaus an einem Herzinfarkt verstarb. Noch bevor unsere Mitarbeiter den Verstorbenen dort abholten, vereinbarten wir mit den Angehörigen einen Termin für die Abschiednahme am offenen Sarg. Später stellte sich jedoch heraus, dass es von Organseite einen Blutstau in Richtung Gesicht gegeben hatte und dass das Gesicht des Verstorbenen pechschwarz geworden war. Da mussten wir mit den Angehörigen ein weiteres Gespräch führen und schlugen ihnen eine Einbalsamierung vor. Das Wort ist immer etwas irreführend, es handelt sich hierbei um das Einbringen einer Konservierungslösung in den Körper. Man spült quasi das Gefäßsystem durch und ersetzt das Blut mit dieser Konservierungslösung. Das führt dann dazu, dass sofort ein optischer Effekt zu sehen ist. Der Mann, der an einem Herzinfarkt verstorben war und eigentlich einen Blutstau hatte, sah plötzlich wieder ganz normal aus. Das sind die Punkte, die man mit den Angehörigen besprechen muss. Verstirbt jemand durch einen Unfall, dann vertrösten wir im ersten Beratungsgespräch gern auf einen späteren Termin, bis zu dem wir den Verstorbenen erst einmal anschauen und begutachten konnten.

Mein persönlicher Anspruch ist extrem hoch. Es gibt Fälle, in denen ich überzeugt bin, dass wir die Versorgung super hinbekommen werden. Am Schluss sind es vielleicht aber doch nur achtzig Prozent. Für die betroffenen Familien sind diese achtzig Prozent schon mehr als zufriedenstellend, aber mein eigener Anspruch liegt einfach höher. Es kann aber genauso gut auch umgekehrt sein. Am Anfang denke ich: »Das schaffst du nie!« Und hinterher ist der Zustand des Verstorbenen viel besser, als ich zu hoffen gewagt hatte.

Die Thanatopraxie geht auf fundierte medizinische Grundkenntnisse zurück. Ohne das Wissen, wie der menschliche Körper genau funktioniert, lässt sie sich nicht anwenden. Im Laufe der Ausbildung wird man daher von Dozenten der medizinischen Fakultät einer Universität unterrichtet und in die unterschiedlichen Themenbereiche eingeführt. Selbstverständlich lernt man etwas über das Gefäßsystem des menschlichen Körpers, aber auch die grundsätzliche Anatomie mit Knochenaufbau und Organstruktur gehört zu den Lerninhalten. Möglicherweise muss man als Thanatopraktiker von Fall zu Fall in einen fachlichen Austausch mit einem Arzt oder einem Rechtsmediziner treten, um sich Rat zu holen oder um sich gegenseitig zu unterstützen. Dafür ist dieses grundsätzliche medizinische Verständnis unerlässlich. Auch die Mikrobiologie ist ein wichtiges Thema in Bezug auf unsere Arbeit. Wenn wir verstehen wollen, welche Prozesse nach dem Tod im Körper ablaufen, müssen wir wissen, welche Keime wie wirken. Auch um mögliche Ansteckungsrisiken zu vermeiden, ist dieses Wissen für uns extrem wichtig, denn zum Beispiel multiresistente Keime sind auch bei uns Bestattern eine große Gefahr. Daneben spielt das Unterrichtsfach Rechtsmedizin in Bezug auf die vielen nicht natürlichen Todesursachen eine große Rolle. Ist beispielsweise ein Mensch durch einen Autounfall gestorben, sollten wir wissen, welche inneren Verletzungen generell durch so einen Unfall passieren können und wie sich diese inneren Verletzungen auf das äußere Erscheinungsbild oder auf eine Einbalsamierung des

Verstorbenen auswirken können. Im Grunde genommen ermöglichte mir die Ausbildung zum Thanatopraktiker einen tiefgreifenderen Blick in meinen Beruf, weshalb diese Zusatzqualifikation für mich das Herzstück meiner beruflichen Ausbildung bedeutete.

Nach dem Abschluss als Thanatopraktiker hatte ich eine

Erst als ich 1997 den Abschluss als Thanatopraktiker in der Tasche hatte, fühlte ich mich als vollwertiger Bestatter.

ganz andere Basis und konnte in vielen Situationen in den Beratungsgesprächen viel sicherer agieren, weil ich genau wusste, wovon ich sprach – selbst gegenüber Medizinern, wenn diese meine Kunden waren. Ich hatte mir plötzlich den Bereich der Totenversorgung erschlossen, einen Bereich meines Berufes, der für mich bis dahin ein sehr unsicherer gewesen war. Meine Erfahrungen waren immer geprägt von dem Gefühl, hier nur Halbwissen zur Verfügung zu haben. Plötzlich war ich richtig gut im Thema.

Als Thanatopraktiker bekomme ich Dinge zu sehen, die hundertprozentig nicht jedermanns Sache wären. Mir aber bereiten diese Bilder im Kopf keine schlaflosen Nächte. Vielleicht liegt es daran, dass man mit der Ausbildung auch auf diese Situationen vorbereitet wird. Man weiß, in welchem Aufgabengebiet man sich bewegt, und bekommt eine professionelle Sichtweise. Ähnlich einem Unfallchirurgen, der auch tagtäglich nur Unfallopfer zu sehen bekommt und trotzdem gut damit zurechtkommt, weiß ich, wofür ich das mache. Der Chirurg versucht, die Menschen zu heilen, damit sie im Optimalfall wieder unversehrt aus dem Krankenhaus spazieren können. So ist es bei mir natürlich nicht, niemand spaziert hier wieder aus dem Bestattungsinstitut hinaus. Aber wir können einen Zustand schaffen, der Familien einen guten Abschied ermöglicht. Darin besteht unser Erfolgserlebnis. Insofern ist das durchaus miteinander zu vergleichen.

An dieser Stelle möchte ich einen kurzen Exkurs zum Thema Obduktionen machen. Wenn jemand stirbt und daraufhin obduziert wird, dann ist das ein massiver Eingriff in den Körper. Wenn mir die Entscheidung obliegen würde, ob bei meinen Familienangehörigen oder auch bei mir selbst eine Obduktion durchgeführt werden soll, würde ich mich immer dagegen aussprechen. Zwei Arten von Obduktionen muss man dabei unterscheiden: die eine ist die von Rechts wegen angeordnete, die andere ist die mehr oder weniger privat beauftragte Obduktion. Wird sie durch Polizei, Staatsanwaltschaft oder Gericht angeordnet, haben Angehörige keine Möglichkeit, die Obduktion ihres Angehörigen zu verhindern. Bei einer medizinischen Obduktion sieht es dagegen etwas anders aus. Hier könnten beispielsweise versicherungsrechtliche Gründe eine solche sinnvoll erscheinen lassen. Die Frage, ob jemand an einer Staublunge gestorben ist oder nicht, könnte Auswirkungen darauf haben, ob die Berufsgenossenschaft der Frau des Verstorbenen eventuell eine Witwenrente zahlen muss.

Ärzte sprechen ja nicht darüber, was sie bei einer Obduktion tatsächlich tun. Sie sagen viel mehr: »Wenn Sie wissen wollen, woran Ihr Mann wirklich gestorben ist, können wir das vielleicht für Sie herausfinden.« Fakt ist, es kommt zu einer kompletten Leichenöffnung – der gesamten Öffnung des Brust- und Bauchraums sowie des Schädels. Eine

Obduktion erfolgt immer nach einem festen Ablauf, der alles umfasst und nie individualisiert wird. Für ein Gutachten innerhalb eines Gerichtsverfahrens beispielsweise sind alle Untersuchungen komplett standardisiert. Will man wissen, ob die Todesursache organisch bei der Lunge

In Fällen, in denen eine Obduktion nicht zwingend angeordnet wurde, würde ich immer davon abraten.

oder beim Herzen zu finden ist, untersucht niemand nur die Lunge oder das Herz, sondern macht einen kompletten Befund. Nach der Beerdigung lässt sich eben keine der Untersuchungen noch einmal wiederholen. Beerdigt heißt normalerweise beerdigt, und bei einer Einäscherung gibt es selbsterklärend keine zweite Chance.

Bei einer medizinischen Obduktion könnte man theoretisch je nach Fragestellung auf bestimmte Untersuchungen verzichten. Das wird aber in der Regel so nicht praktiziert, denn Krankenhäuser setzen Obduktionen auch gern zur Qualitätskontrolle ein. Stimmen die gestellten Diagnosen? Stimmen die gemachten Röntgenbilder? Die meisten Obduktionen werden in Unikliniken durchgeführt, wo auch der Ausbildungsgedanke häufig eine Rolle spielt. Vielleicht gibt es einen jungen Arzt, der seine erste Obduktion durchführt. Dann macht es Sinn, dass er sie gleich komplett macht. Oder es werden bestimmte Krankheitsverläufe erforscht: Ist das Karzinom wirklich so groß gewesen? Hatte es bereits gestreut? All diese Dinge führen dazu, dass eine Obduktion immer komplett gemacht wird. Eine »kleine Obduktion« gibt es de facto nicht. Eine Obduktion bedeutet daher immer, dass die Rippen aufgetrennt und alle Organe dem Körper entnommen werden, diese werden dann gemessen und gewogen, der Kopf wird geöffnet, um das Gehirn zu entnehmen, bis hin dazu, dass sogar der Kehlkopf entnommen wird, was im Bereich des Halses ein völlig unnatürliches Bild widerspiegelt. Leider ist nämlich die übliche Praxis, dass am Ende der Obduktion alle Organe inklusive des Gehirns einfach in die Bauchhöhle gelegt werden.

Nach einer Obduktion ist der Körper durch viele dicke Nähte gezeichnet – am Kopf, am Hals bis hinauf zum Kinn und am Oberkörper. Wenn dann eine Familie kommt und Abschied nehmen möchte, versuchen wir nach Möglichkeit, diese massiven Nähte zu verdecken. Meist öffnen wir jede dieser Nähte noch einmal, um sie ein wenig sorgfältiger zu nähen, als das zunächst gemacht wurde. Manchmal sind die Nähte nicht einmal richtig dicht, so dass ständig ein kleines bisschen Blut aus der Wunde austritt, was dazu führen kann, dass das weiße Hemd, das wir dem Verstorbenen anziehen, nach einer Viertelstunde rosa ist. Insofern sind wir da sehr gewissenhaft und schauen auch nach, ob der Zustand innerhalb des Körpers vernünftig ist oder ob da aus Versehen noch irgendetwas anderes mit entsorgt wurde – wir haben schon Handschuhe oder Ähnliches gefunden. Bei der Naht am Kopf achten wir darauf, dass keine Haare in der Naht vernäht sind, damit man sie wieder vernünftig durchkämmen und waschen kann. Teilweise überschminken wir auch die Nähte, so dass der Nahtverlauf nicht mehr so stark zu sehen ist. All das ist eine ganzheitliche Arbeit, um wieder ein Bild zu schaffen, mit dem Angehörige bei einem Abschied klarkommen können und mit dem der Verstorbene einen Teil seiner Würde zurückerhält.

Die Menschen, die die hehre Vorstellung haben, ihren Körper nach ihrem Tod der Medizin zur Verfügung zu stellen und damit noch zu etwas Sinnvollem beitragen zu können, sollten sich zumindest diese Fragen beantworten lassen: Wann wird mein Körper bestattet? In welchem Zustand wird er bestattet? Und was genau wird mit ihm gemacht?

Den Bereich der Organspende möchte ich hierbei explizit ausklammern. Wenn sich Verstorbene zu Lebzeiten für eine Organspende entschieden haben und diese nach dem Tod durchgeführt wird, ist für uns hinterher die Vorbereitung auf eine Abschiednahme ohne Probleme möglich, weil die Mediziner hier mit einer ganz großen Sorgfalt arbeiten. Hier handelt es sich um Transplantationsteams, die der Versorgung der Verstorbenen einen hohen Stellenwert beimessen. Werden beispielsweise die Netzhäute gespendet, setzen die Mediziner anschließend ein Implantat ein. Für sie spielt die Würde der Verstorbenen ebenfalls eine große Rolle, und auf ihrer Arbeit können wir bei der Vorbereitung dann aufbauen.

KATASTROPHEN-EINSATZ

Durch die Ausbildung zum Thanatopraktiker hatte ich eine Gruppe junger Bestatter gefunden, die meine Ansätze teilten und diesen speziellen Bereich der Versorgung von Verstorbenen ebenfalls für sich entdeckt hatten. Sehr schnell stellten wir fest, dass unsere besonderen Fähigkeiten und Kompetenzen auch in anderen Bereichen der Gesellschaft von Interesse sein könnten. Und so kam es 1999 relativ spontan dazu, dass wir uns nach dem verheerenden Erdbeben von Gölcük in der Türkei der türkischen Regierung als Unterstützer bei der Bergung und Identifikation von Verstorbenen anboten. Wir gründeten einen Arbeitskreis und entsendeten erstmals unter dem Namen »DeathCare« ein Hilfsteam in ein Katastrophengebiet. Als Bestatter sind wir seither ähnlich der Non-Profit-Organisation »Ärzte ohne Grenzen« ehrenamtlich als Hilfsorganisation im Ausland unterwegs.

Nur kurze Zeit nach dem Einsatz in der Türkei gab es einen zweiten Einsatz bei einem Erdbeben in Taiwan. Allerdings unterschieden sich hier die Voraussetzungen für unseren Hilfseinsatz grundsätzlich. In der Türkei waren nach dem Erdbeben viele Dörfer auf dem Land nicht mehr existent und die Infrastruktur gebietsweise komplett zerstört, in dem hochtechnisierten Taiwan fanden wir hingegen auch nach dem Beben noch eine relativ gute Infrastruktur vor. Zwar gab es auch dort große Schäden und viele Opfer zu beklagen, aber die eigenen Katastrophenhilfe-Teams konnten dort trotzdem relativ gut arbeiten. Wir waren daher in Taiwan bei weitem nicht so stark gefordert wie in der Türkei. Das führte dazu, dass wir uns als Hilfsorganisation noch einmal anders positionierten. Nicht nur das Ereignis war bei so einem Einsatz zu bewerten, sondern auch das Land, in dem der Katastrophenfall eintrat. Wir entschlossen uns, zukünftig viel schematischer an solche Einsätze heranzugehen, und entwickelten eine Art Raster, für das folgende Fragen zu beurteilen waren: Wie ist die Infrastruktur vor Ort? Welche Bereiche sind betroffen und wie viele Opfer sind zu erwarten? Wir kategorisieren seither jeden einzelnen Katastrophenfall und entscheiden, in welchen Fällen ein Einsatz von »DeathCare« überhaupt sinnvoll ist.

2004 kam es dann zu unserem bislang größten Auslandseinsatz. Ich denke, jeder erinnert sich noch an die schrecklichen Nachrichten des zweiten Weihnachtsfeiertages, als ein schweres Erdbeben mehrere Tsunamis im Indischen Ozean ausgelöst hatte und viele Tote und Vermisste vermutet wurden. Im Verlauf der nächsten Tage stieg die Zahl der geschätzten Todesopfer auf unfassbare 230 000. Unmittelbar stand fest, dass auch viele Touristen von der Katastrophe betroffen waren, da diese ihre Weihnachtsferien dort verbracht hatten – unter ihnen auch viele Deutsche. Ohne Zweifel war hier ein hoher Anteil von Rücktransporten in die ganze Welt notwendig. Aus diesem Grund kam die deutsche Bundesregierung in Person des damals amtierenden Außenministers Joschka Fischer mit der Anfrage auf uns zu, ob wir ein Team für den Rücktransport von verstorbenen deutschen Touristen organisieren könnten. Für alle Beteiligten war ganz klar, dass hier dringender Handlungsbedarf gegeben war. Also wurde unser zehnköpfiges Team nach München entsandt, wo wir uns zusammenfanden, unser Equipment zusammenstellten – wir hatten glücklicherweise schon damals einen Notfallcontainer auf dem Flughafen – und uns für den Einsatz präparierten. Weil die Mitglieder unseres Teams teilweise einen sehr unterschiedlichen Impfstatus hatten, wurden wir am Münchner Flughafen noch einmal »aufgefrischt«. Natürlich bemühen wir uns, unseren Impfstatus immer auf dem höchsten Level zu halten, aber damals war das nicht bei jedem Einzelnen der Fall, weshalb wir alle noch einmal von Regierungsärzten vor Ort am Flughafen komplett versorgt wurden. Das war schon eine sehr spezielle Situation. Wir bekamen alle Infusionen, Spritzen und Tabletten – was genau uns da gegeben wurde, wissen wir bis heute nicht. Danach hieß es: »Jetzt kann nichts mehr passieren!« In so einem Fall fragt man dann auch nicht mehr nach und vertraut einfach den Experten.

Wir stiegen in ein Flugzeug, das uns Richtung Thailand, genauer gesagt nach Phuket, bringen sollte. Gemeinsam mit uns im Flieger saß noch eine Einheit des Technischen Hilfswerks, die mit Suchhunden und einer Wasseraufbereitungsanlage unterwegs waren, um vor Ort nach Menschen zu suchen und zu bergen. Ich kenne diese Aufbruchsstimmung von einigen Freiwilligen Feuerwehren hier in Köln. Das THD-Team war aufgeputscht, wie man es sich vor einem Feuerwehreinsatz vorstellt. Natürlich brennen sie für ihren Dienst, und wenn nach langer Wartezeit mal wieder ein Einsatzbefehl kommt, dann ist das etwas sehr Erfüllendes. Genau so war es in diesem Fall auch. Das Team war hoch motiviert, zu helfen und Menschen zu bergen.

Unser Team hingegen war da schon sehr viel realistischer in der Einschätzung der Situation vor Ort. Wir hatten die Situation im Vorfeld genauestens analysiert und flogen mit sehr gemischten Gefühlen nach Thailand. Wir kannten die Bilder, wir kannten die Berichte, wir wussten, dass es Sammelplätze für Verstorbene unter freiem Himmel gab und dass vor Ort keine Kühlungen möglich waren. Das Unglück war zu dieser Zeit auch schon drei, vielleicht sogar vier Tage her, wir waren ja keines der Ersthelfer-Teams, sondern sozusagen die zweite, wenn nicht sogar die dritte Welle.

Am Ankunftsort wurden wir von einem Mitarbeiter der deutschen Botschaft in Empfang genommen und zunächst in unsere Hotels gebracht. Als sehr irritierend empfand ich

Uns war auf diesem Flug nach Thailand ein bisschen flau im Magen, da wir nicht genau wussten, wie unsere Aufgabenstellung vor Ort tatsächlich aussehen und was uns im Detail erwarten würde.

die Stimmung in diesen Hotels, in denen wir Helfer übernachteten. Einige Urlauber waren nach der Katastrophe sehr schnell wieder in ihren Entspannungsmodus zurückgekehrt. Wenn wir in unserer Einsatzkleidung also morgens aufbrachen oder abends zurückkehrten, begegneten wir Urlaubern in Badebekleidung, die uns sehr deutlich spüren ließen, dass sie eigentlich weder von uns noch von der Katastrophe behelligt werden wollten.

Jeder Tag startete jeweils mit einer Einsatzbesprechung. Immer ging es darum, welche Sammelpunkte wir abfahren würden, um bereits identifizierte deutsche Staatsbürger zum Flughafen nach Phuket zurückzubringen, um sie dort einzubalsamieren und einzusargen. Das Konsulat stellte im Anschluss alle notwendigen Papiere aus, so dass der Rücktransport der Verstorbenen per Flugzeug gesichert war. Praktisch sah es so aus, dass wir uns immer in Teams von zwei Leuten zusammenfanden und mit ein oder zwei Särgen auf der Ladefläche eines Pick-ups Richtung zugeteiltem Sammelplatz fuhren. Aber nicht nur dort holten wir die Leichen ab. Wir waren auch in Krankenhäusern, wo Menschen, die zunächst noch versorgt wurden und dann starben, abzuholen waren. Oder an Unfallorten, also direkt an den Fundorten, wo die Menschen noch nicht richtig geborgen waren. Oftmals saßen die überlebenden Familienangehörigen dort neben den Verstorbenen. Wir sorgten dann dafür, dass sowohl die Überlebenden als auch die Toten zurückgebracht wurden.

Von Tag zu Tag wurde unsere Arbeit schwieriger, weil die amerikanischen Behörden, die ebenfalls sehr schnell vor Ort waren, damit begannen, die Leichensammelplätze, auf denen auch amerikanische Opfer zu finden waren, zu schließen. Die amerikanische Militärpolizei brachte alle Verstorbenen zunächst in Kühlcontainer und fing an, die einzelnen Verstorbenen mittels DNA-Analysen zu identifizieren und zurückzubringen. Insgesamt hat sich dieses Procedere über mehrere Jahre erstreckt, wie wir heute wissen. Damals haben sie einen Sammelplatz nach dem nächsten geschlossen, so dass wir nicht mehr auf die Verstorbenen auf diesen Plätzen zugreifen konnten. Wir bemühten uns daher, immer vor dieser Welle an den Sammelplätzen anzukommen, mussten dadurch aber auch jeden Tag ein bisschen weiterfahren. Am Ende unterschieden wir auch nicht mehr, ob die Verstorbenen Deutsche, Russen oder Franzosen waren – wenn wir einer Familie helfen konnten, dann taten wir an dieser Stelle genau das.

Unser Tagesablauf war während unseres Hilfseinsatzes absolut gleichförmig. Während wir morgens rausfuhren, kamen am Flughafen die Maschinen mit den Hilfsgütern an. Nach unserer Rückkehr versorgten wir nachmittags alle Verstorbenen, die wir hatten mitbringen können, verlöteten die Särge und brachten sie dann abends aus dem Hangar in den Flieger, der mit den Toten und Verletzten zurückflog, um wieder neue Hilfsgüter zu holen. Das war ein organisierter Shuttle-Transport. Die meiste Zeit des Tages verbrachten wir bis tief in die Nacht auf dem Flughafen, wo der Flugzeughangar zu einem Lazarett und Sarglager umfunktioniert worden war und alles auf einen Rücktransport nach Europa wartete. Neben uns waren auch ständig Konsulatsmitarbeiter vor Ort, die versuchten, alle erforderlichen Papiere zusammenzustellen und Zuordnungen zu finden. Verpflegt wurden wir von Einheimischen, die eine Art Suppenküche für alle Helfer einrichteten.

Die Bilder aus dem Hangar haben sich mir eingebrannt. Wie Überlebende neben den Särgen ihrer Angehörigen sitzen und darauf warten, wieder nach Hause gebracht zu werden. Besonders erinnere ich mich an ein kleines Kind, das vielleicht vier Jahre alt gewesen sein mag. Dieses Kind wurde an einem Abend von zwei Helfern in den Flieger begleitet, um in sein Heimatland zurückzukehren – und zwar ohne Eltern. Das ist eine Szenerie, die ich mein Lebtag nicht mehr vergessen werde. Mitten in der Weihnachtszeit wurde dieses kleine Kind aus dem Paradies in die absolute Hölle gerissen, wo plötzlich nichts mehr ist, wie es war.

Diese ganzen Schicksale, die wir am Rande mitbekamen,

die Dinge, die wir zu sehen bekamen, waren nur schwer zu verkraften. Tote Körper, die in der prallen Sonne lagen, Kinder und Hühner, die zwischen den Leichen hin und her liefen, und hilflose Mönche, die nicht wussten, was sie tun sollten, und aus ihrer Hilflosigkeit heraus ein bisschen Desinfektionsmittel versprühten. An jedem öffentlichen Platz, an den wir kamen, hingen Zettel über Zettel voll von Suchnachrichten. Täglich kamen die Leute an diese Stellen, zeigten Fotos ihrer Eltern oder Kinder und fragten, ob wir denjenigen oder diejenige irgendwo gesehen hätten. All die vielen Menschen, die gesucht wurden oder die auf der Suche waren. Kinder, die ihre Eltern vermissten, oder Eltern, die ihre Kinder nicht fanden. Wir sahen in diese verzweifelten Gesichter und hatten irgendwann selbst keine Worte mehr.

Da wir als einziges deutsches Team vor Ort und häufig in Flugplatznähe tätig waren, wurden wir natürlich auch medial sehr intensiv begleitet. Als humanitäres Bestatter-Hilfsteam waren wir quasi einmalig in der Welt. Also berichteten

All das waren Eindrücke, die wir durch unseren beruflichen Hintergrund als Bestatter ganz gut wegstecken konnten. Und doch bekomme ich beim Anblick der Bilder auch heute noch Gänsehaut.

alle großen Medien über uns, nationale wie internationale. Und manchmal war es regelrecht verrückt, dass meine Familie quasi in Echtzeit darüber informiert war, was ich gerade tat, weil sie es morgens im Fernsehen sehen konnte – und das auf der anderen Seite des Globus.

Ich kenne den Umgang mit Journalisten und Medien bereits seit langer Zeit, aber dort lernte ich noch einmal eine ganz andere Art von Journalismus kennen. Das waren Menschen, die von einem Krisenherd zum nächsten um die Welt flogen, sozusagen das, was man unter einem richtigen Krisen- und Kriegsreporter versteht. Sie kannten sich auch alle untereinander. Erst trafen sie sich in Somalia, einen Monat später in Thailand und noch etwas später dann im Kosovo.

Für uns Bestatter war das eine komplett neue Welt, in die man normalerweise keine Einblicke erhält. Diese Menschen hatten alle schon ziemlich viel gesehen. In ihren Augen war eine ganz andere Weisheit zu entdecken – abseits von dem, was im Fernsehen als Interview übertragen wurde. Natürlich trank man abends im Hotel auch mal zusammen ein Bier, und es war spürbar, dass auch sie ihre Probleme damit hatten, das Gesehene zu verarbeiten. Von ihnen hatten alle eine ganz spezielle Auffassung ihres Berufs, von Familie und von ihren Zielen im Leben. Das waren damals sehr tiefgründige Gespräche, die wir da an der Hotelbar geführt haben. Diese Journalisten sind Teil einer gigantischen Maschinerie, die über den ganzen Globus gespannt ist. Und wir waren kurzzeitig Teil dieser Medienwelt.

Als wir nach acht Tagen wieder nach Hause flogen, hätten wir am liebsten eine Flasche Sekt im Flugzeug aufgemacht, da wir wirklich das Gefühl hatten, einen guten Dienst geleistet zu haben und tatsächlich in Thailand gebraucht worden zu sein. Die Flasche Sekt hätten wir gern geköpft, taten es aber nicht. Denn mit uns saßen wiederum die Mitarbeiter des Technischen Hilfswerks in der Maschine, die eine komplett andere Stimmungslage hatten als wir. Um sie mussten sich sogar Seelsorger kümmern, weil die einen riesigen Aufwand betrieben hatten und nicht eine einzige Bergung dabei herumgekommen war. Im Grunde war das auch nicht überraschend, erstens waren sie drei Tage nach der Katastrophe angereist und zweitens hatten die Umstände vor Ort gar nicht viele Möglichkeiten zur Rettung hergegeben. Entweder hatten die Menschen das Wasser überlebt, weil sie sich selbst hatten retten können, oder sie waren ertrunken und mussten irgendwo aufgespürt und geborgen werden. Wir von »DeathCare« konnten so vielen Menschen helfen, dass sich unser Beruf noch einmal in ganz anderer Art und Weise erschlossen hatte, nämlich als Helfer in einer absoluten Notlage und nicht nur als Bestattungsanbieter oder Dienstleister – das war auch für uns eine völlig neue Dimension unseres Berufsstands. Und im Nachhinein kann ich wirklich sagen, dass es sich trotz all der schrecklichen Bilder, die ich von dort mitgenommen habe, gelohnt hat, vor Ort zu sein. Wir haben die Menschen da rausgeholt und dafür gesorgt, dass Familien ihre verstorbenen Angehörigen zu Hause begraben konnten.

Unser Hilfsteam ist bis heute in Bereitschaft. Mittlerweile sind wir ein größerer Kreis von Bestattern, weil inzwischen immer mehr von uns die Ausbildung zum Thanatopraktiker absolviert haben. Dementsprechend sind wir gut aufgestellt. Wir können also jederzeit als Hilfsorganisation wieder agieren. Immer unter der Maßgabe, dass es auch Sinn macht. Die Katastrophen, die in den letzten Jahren passiert sind, hatten weder diese großen Opferzahlen noch geschahen sie in Bereichen mit unvollständiger Infrastruktur. Bis jetzt mussten wir daher noch nicht wieder ausrücken. Wir sind aber jederzeit abrufbar. Meine Einsatzkleidung liegt immer griffbereit bei mir zu Hause, und meinen Impfstatus halte ich dauerhaft aufrecht, so bin ich für den Fall der Fälle gerüstet – und hoffe dennoch, dass er nicht eintreten wird.

TRAUER FÜR ALLE

Es ist kein Geheimnis, dass unser Familienunternehmen schon viele Beerdigungen von prominenten Menschen ausgerichtet hat. Menschen aus allen öffentlichen Bereichen des gesellschaftlichen Lebens haben wir bestattet: aus der Bundes-, Landes- und Lokalpolitik, Wirtschaft, Kirche, Kultur, dem Showbusiness und Sport.

Natürlich sind bei jedem einzelnen Sterbefall der Schmerz und die Verzweiflung groß, wenn aber eine prominente Persönlichkeit stirbt, dann gibt es einen entscheidenden Unterschied: Es trauern in solch einem Fall nicht nur die Familie und ihr Umfeld, sondern plötzlich trauert auch die Öffentlichkeit. Durch Fans und Bewunderer entsteht ein kollektives Gefühl der öffentlichen Trauer. Und diesem öffentlichen Gefühl gegenüber verspüre ich eine gewisse Verantwortung. Kaum jemand wird in seiner Jugend großflächige Plakate von der Großmutter in seinem Zimmer aufgehängt haben – von seinen Idolen hingegen schon, und diese stammen oftmals aus den oben genannten Bereichen. Man hat diese Menschen manchmal ein langes Stück ihres Lebens begleitet, sah sie regelmäßig im Fernsehen, auf der Bühne oder hat jeden Zeitungsartikel über sie verschlungen. Für viele Menschen werden sie sogar zum Vorbild. Selbstverständlich solidarisiert man sich mit diesen Menschen, fühlt sich mit ihnen verbunden und lebt ihr Leben gewissermaßen in allen Höhen und Tiefen ein

Stück mit. Gerade in der heutigen Zeit bekommt man ja über zahlreiche Kanäle sehr viele Informationen auch aus dem privaten Leben dieser öffentlichen Personen mit. Und wenn sie plötzlich nicht mehr da sind, entsteht eine große Trauer. Zusätzlich wird vielen Menschen auch auf diesem Weg die Endlichkeit des Lebens vor Augen geführt.

Diese kollektiven Gefühle müssen meiner Meinung nach irgendwie kanalisiert werden. Deshalb hat öffentliche Trauer für mich absolut ihre Rechtfertigung. Viele betroffene Familien scheuen sich, ihre Trauer und ihr Leid öffentlich zu zeigen, und verweigern sich zunächst dem Gedanken einer öffentlichen Trauerfeier. Sie meinen, hier geht es nicht um die Rolle, die der Verstorbene für die Öffentlichkeit verkörpert hat, sondern um den »Privat«-Menschen. Mein Gegenargument lautet in solchen Fällen, dass dieser Mensch in seiner öffentlichen Rolle gelebt und damit oft auch sein Geld verdient hat. Durch diese Rolle hindurch hat er mit ganz vielen Menschen kommuniziert, die ihn ausschließlich auf diese Weise kennen, und genau deshalb muss sie auch im Fall des Todes berücksichtigt werden und kann nicht plötzlich im Privaten verschwinden. Denn auch die Öffentlichkeit hat ein Recht auf Trauer. Manchmal ist es schwierig, dafür ein Bewusstsein bei den Hinterbliebenen zu schaffen. Aber niemand sollte die heilsamen Prozesse einer öffentlichen Trauer unterschätzen.

Wenn in solch einem Fall beides nebeneinander stattfinden darf, empfinde ich meine Arbeit als gelungen. Manches Mal beginnt die Diskussion beispielsweise schon mit dem Schützenverein, in dem der Verstorbene aktiv war. Die Frage, die sich schnell stellt: Wo endet der intime, familiäre Kreis und wo beginnt die öffentliche Feier? Veröffentlicht man eine Zeitungsanzeige oder nicht? Lädt man nur Familienmitglieder ein oder bittet man auch Freunde zur Trauerfeier? Wer soll mit zum anschließenden Essen kommen? All diese Fragen müssen überlegt, abgewägt und ent-

Ich bin ein großer Befürworter davon, sowohl für die Familie einen geschützten Raum zu erzeugen, als auch der Öffentlichkeit ihr Recht auf Trauer zuzugestehen.

schieden werden. Und auch in diesen kleineren Fällen ist es durchaus wichtig, eine Balance zwischen Öffentlichkeit und Privatsphäre zu finden.

Ich stelle oft fest, dass es den Familien von bekannten Personen auch guttut, die öffentliche Anteilnahme zu spüren. Es ist sehr tröstlich zu sehen, wie viele Leute den Verstorbenen verehrt und gemocht haben. Auf diesem Wege lässt sich auch das Lebenswerk der verstorbenen Person noch einmal ehren. Wichtig dabei ist nur, dass es eben auch den privaten, intimen Bereich gibt, in dem die Familie auf ihre individuelle Art in aller Ruhe trauern kann. Ein Abschied am offenen Sarg sollte vielleicht eher der Familie vorbehalten sein. Eine offizielle Trauerfeier auf dem öffentlichen Friedhof kann dagegen auch schon mal größer ausfallen. Mir persönlich gefällt es, wenn ein prominenter Mensch auf einem öffentlichen Friedhof beigesetzt wird und ihn somit jeder besuchen kann, der das Bedürfnis danach hat. Dadurch wird auch der öffentlichen Trauer ein Ventil gegeben. Mein Ansinnen ist immer, sozusagen der Anwalt beider Seiten zu sein und einen guten Mittelweg zu finden. Selbst wenn das Verständnis der betroffenen

Familien zunächst nicht vorhanden ist, bemühe ich mich darum, ihnen den Wert einer zugelassenen öffentlichen Trauer verständlich zu machen. Oftmals können sie meinen Argumenten dann auch folgen, und am Ende sind alle zufrieden mit der Entscheidung, dass jeder auf seine eigene Art trauern kann – die Familien ebenso wie die Öffentlichkeit, denn wenn beide Seiten ausgewogen sind, ist es für alle ein Gewinn.

Ähnlich wie bei Personen des öffentlichen Lebens verhält es sich, wenn ein junger Mensch plötzlich verstirbt, bei Unfällen, Gewaltakten oder sogar beim Suizid eines Kindes. Ich erinnere mich an eine Familie, deren Sohn Suizid beging. Dieser Sterbefall war begleitet von unendlich vielen Schuldgefühlen der Eltern. Es war eine unbeschreibliche Tragödie für die betroffene Familie, die ich während unserer Gespräche als intakt und sehr reflektiert wahrnahm. Man fragt sich in solchen Fällen manchmal, wie es dazu kommen konnte, dass ein Mensch aus solch einem Umfeld keinen anderen Weg in seinem Leben sah als den Suizid. Diese Familie hatte sich bereits vor ihrem ersten Besuch bei mir dazu entschieden, die Bestattung ganz privat abzuhalten. Gerade einmal vier Leute sollten bei der Trauerfeier anwesend sein. Die Großeltern waren noch erwünscht, aber Freunde schon nicht mehr und erst recht keine Schulfreunde des Kindes. Meiner Meinung nach war diese Entscheidung nicht richtig, weshalb ich der Familie versuchte verständlich zu machen, wie groß der Kreis der Trauernden tatsächlich war. Selbst der Briefträger trauerte, der die Briefe tagtäglich in den Postkasten der Familie einwarf, weil er von ihrem schweren Schicksalsschlag erfahren hatte. Er hatte den Jungen vielleicht nur zwei Mal gesehen, aber er nahm Anteil an dessen Tod. Und auch die Verkäuferin in der Bäckerei nebenan trauerte, weil das Kind dort regelmäßig Brötchen gekauft hatte und jetzt nicht mehr kam. Beide waren mit dem Jungen gar nicht familiär verbunden, und trotzdem litten sie mit der Familie. So gese-

Für mich ist es ganz wichtig zu sehen, dass Trauer nicht immer nur im engsten und intimsten Kreis stattfindet. Sie kann durchaus auch in einiger Entfernung intensiv empfunden werden und benötigt daher an dieser Stelle ein Ventil.

hen war der Kreis der Trauernden riesig. Und unter den Mitschülern des Jungen gab es natürlich nochmals viele Trauernde mehr. Gemeinsam mit der Pfarrerin warb ich also dafür, die Bestattung doch im größeren Kreis stattfinden zu lassen, was die Familie schlussendlich auch zuließ. Hinterher war sie sehr dankbar: »Wir hatten eigentlich gedacht, unser Sohn sei einsam und allein gewesen. Aber jetzt, wo wir gesehen haben, wie viele Menschen auf der Beerdigung waren, glauben wir, es wäre wahrscheinlich jemand da gewesen, wenn er jemanden hätte um Hilfe fragen wollen.«

Mein Beruf bringt es unweigerlich mit sich, dass ich den Menschen immer in einer Ausnahmesituation begegne. Diese Ausnahmesituation hat meistens zur Folge, dass die Energie meines Gegenübers nicht mehr ausreicht, die eigene Außendarstellung aufrechtzuerhalten. Das heißt, ich blicke in der Regel hinter das Bild, das dieser Mensch normalerweise von sich zeigt. Vielleicht lässt sich sogar sagen, dass Bestatter meistens den Menschen hinter der Fassade kennenlernen, die ihn vor der Außenwelt schützt. Je nachdem, wie das familiäre Umfeld eines Prominenten aussieht, habe ich es entweder mit Menschen zu tun, die ebenfalls in der Öffentlichkeit stehen, oder aber mit Menschen, die diese bewusst meiden. Wie auch immer das Umfeld gelagert ist, erhalte ich besondere Einblicke in das Leben dieser Familien, die nur wenigen Leuten vorbehalten sind – ungefilterte, direkte, ungeschützte Einblicke. Und über die Gespräche mit den Angehörigen lerne ich auch die Verstorbenen noch einmal von einer ganz anderen Seite kennen. Als Bestatter bekomme ich alle persönlichen Unterlagen in die Hand, angefangen von der Geburtsurkunde bis hin zu Heiratsdokumenten und alles, was sonst noch so dazugehört. Schnell entlarven wir falsche Geburtsdaten oder auch Ehen, die nicht mehr existieren. Wir erfahren alles über Zweit- und Drittnamen, Vaterschaftsverhältnisse bis hin zu Eheverträgen – das echte Leben hinter der Show und der Mensch jenseits seiner öffentlichen Rolle kommen so zum Vorschein. Das ist mitunter für mich als Bestatter ganz schön spannend. Oftmals entstehen dabei sehr intime Situationen, die eine hohe Diskretion verlangen. Natürlich habe auch ich häufig ein gewisses Bild von einem Menschen des öffentlichen Lebens, das sich in diesen Situationen entweder bestätigt oder ins totale Gegenteil schlägt. Mich bringen solche Erfahrungen immer auch persönlich ein Stück voran, wenn ich beispielsweise feststelle, dass hinter einer nach außen hin sehr stark wirkenden Person am Ende eben auch nur ein ganz normaler Mensch steckt, der vielleicht sein Leben lang ganz anders gedacht, gefühlt und gelebt hat, als ich mir das vorgestellt hatte. Manche Menschen stellt man aus der Entfernung auf einen Sockel, um zu ihnen hinaufzublicken, und vielleicht eifert man ihnen sogar in gewisser Weise nach. Natürlich gibt es Fälle, bei denen ich die Hinterbliebenen kennenlerne und sie mir diese Geschichten und Informationen mitteilen. Aber es gibt auch Fälle, bei denen man die betreffende Person selbst trifft und persönlich erlebt – denn viele sorgen schon zu Lebzeiten vor. Und dann kommt der Tag, an dem man mit klopfendem Herzen vor deren Haustür steht, ihnen das erste Mal im realen Leben näherkommt und nicht weiß, wie dieser erste Termin verlaufen wird. Aber dann ist man plötzlich in der führenden Position, ist der Experte, der die Erfahrung mitbringt und zeigt, wie man jetzt am besten agiert und welche Schritte zu gehen sind. Das ist eine sehr schöne berufliche Bestätigung und bringt mich manchmal für eine kurze Zeit sehr eng mit den Familien zusammen. Meistens gehe ich über diese kurze Zeitspanne mehr als eine Geschäftsbeziehung ein, das ist viel eher eine menschliche Beziehung. Nicht selten trifft man hier auf sogenannte Alpha-Menschen, die es normalerweise gewohnt sind, Entscheidungen zu treffen. In dieser speziellen Situation kann es aber sein, dass selbst sie nicht mehr weiterwissen, dass sie sozusagen mit ihrem Latein am Ende sind. Diese Hilflosigkeit muss von ihnen erst einmal zugelassen werden. Danach kann ich sehen, wie sie im Gespräch am besten abzuholen sind. In der Situation muss erst einmal vermittelt werden, dass sie sich auch ruhig an jemandem festhalten dürfen und dass ein anderer jetzt mal kurzzeitig die Richtung vorgibt.

Wenn ich die Hinterbliebenen treffe und den Verstorbenen des öffentlichen Lebens nicht selbst kennenlerne, bemühe ich mich, vor Ort zunächst die Situation zu erfassen und eventuell ein Gespräch mit einem Angehörigen aus der zweiten Reihe zu führen. Manchmal muss es eben nicht die Witwe selbst sein, sondern vielleicht ist es der Ehemann der Tochter, der die Familie des Verstorbenen quasi gemeinschaftlich vertreten kann. Dann versuche ich zu klären, wo man steht, wie professionell die Herangehensweise ist und ob man sich darüber überhaupt Gedanken macht.

Es kann durchaus vorkommen, dass ein Familienpatriarch mit großem Unternehmensgeflecht stirbt, und die bestimmende Frage ist eigentlich, wie es nun mit der Firma weitergeht. Ich erkundige mich dann nach dem Firmennachfolger, und wenn der feststeht, schlage ich unter Umständen auch vor, dass derjenige auf der Beerdigung reden sollte. Der König ist tot, lang lebe der König! Das ist doch die Chance, den Nachfolger zu inthronisieren. Ich weiß, wie hart das klingt, aber natürlich darf man eine Beerdigung auch so inszenieren, dass sie die Werte und Ziele des Verstorbenen weiterführt. Ein Unternehmen steht teilweise vor eminenten Fragen, wenn plötzlich die charismatische Führungsfigur fehlt: Wie soll das Lebenswerk des Unternehmensgründers weitergeführt werden? Wie kann schon mit der Bestattung ein Grundstein dafür gelegt werden? Wir schauen da sehr genau hin und überlegen, wer redet an welcher Stelle: wer bei der Trauerfeier, wer in der Messe, wer beim Essen? Die Reihenfolge, der Ort und auch der Inhalt der Reden bei solch großen Trauerfeiern können viel für die Hinterbliebenen bewirken.

Es ist wichtig, in der Begleitung eines Sterbefalles nicht ein festes Raster nach Schema F abzuarbeiten. Mein persönlicher Anspruch ist es dabei – und das versuche ich auch meinen Mitarbeitern weiterzugeben –, die Geduld aufzubringen und erst einmal eine halbe oder vielleicht auch eine ganze Stunde zuzuhören. Das aktive Zuhören hilft mir auch sehr dabei, die Familienzusammenhänge und Feinheiten zu analysieren – das ist manchmal für meine Auftraggeber eine ungewöhnliche Situation, weil sie nicht erwarten, dass da jemand kommt und die Situation schon nach einem Gespräch gut durchblickt. Meine Erfahrung zeigt aber, dass sich die Menschen meist sehr schnell öffnen und dann am Ende für sie ein zufriedenstellendes Ergebnis herauskommt.

In den Fällen, in denen die entsprechende Infrastruktur nicht gegeben ist, übernehmen wir bei prominenten Sterbefällen auch die Öffentlichkeitsarbeit. Das bedeutet, dass wir unter Umständen eine Pressemitteilung herausgeben und Regeln festlegen und kommunizieren, die für die Beerdigung gelten. Um von vornherein Druck aus der Situation zu nehmen, spreche ich zum Beispiel mit einzelnen Redaktionen von unterschiedlichen Medien bestimmte Bereiche ab. Oftmals lautet meine Ansage dann: »Wir haben uns

So verwunderlich es im ersten Moment auch erscheinen mag, wie schnell die Menschen mir ihr Innerstes offenbaren – das ist allein dieser Ausnahmesituation geschuldet. Wenn der Tod ins Haus kommt, fallen alle Masken.

überlegt, ehe die Familie in die Trauerhalle kommt, dürfen die Fotografen in die Halle und ein Foto vom Sarg machen. Wenn die Trauerhalle geöffnet und der Sarg herausgetragen wird, dürfen die Fotografen das auch aufnehmen. Aber dann ist Schluss. Am Grab bitte keine Fotos!« Damit habe ich den schlimmsten Moment für die Hinterbliebenen geschützt, nämlich den Moment des Abschieds am Grab. Natürlich ist das ein Kompromiss. Für die Rücksichtnahme am Grab opfern wir dann den Augenblick, an dem die Familie nach der Trauerfeier ins Freie tritt. Aber das ist das kleinere Übel. Mit einem Teleobjektiv kann heute jeder auf den meisten Friedhöfen diese Fotos am Grab schießen. Wir hatten auch schon ferngesteuerte Kameras in den Bäumen hängen, damals gab es noch keine Drohnen. Indem man aber eine Absprache mit den Journalisten trifft, kann man solche unwürdigen Situationen vermeiden. Auch ein Journalist macht diese Dinge ja nicht, weil er das lustig findet, sondern weil er seinen Job professionell erledigen will und einen Chefredakteur im Nacken sitzen hat, der ihm einbläut, dass er genau dieses eine Bild braucht. Wenn die Beschränkungen aber für alle gelten und keiner dieses eine Foto am Grab bekommt, dann ist das wiederum für alle Beteiligten ein akzeptabler Kompromiss.

Einige Menschen haben die Vorstellung – vielleicht auch durch entsprechende Szenen aus Filmen –, dass die Urne mit der Asche des berühmten Schauspielers ganz einfach in der Villa auf dem Kaminsims aufbewahrt wird. Aber geht das so einfach? Muss nicht die Urne in Deutschland eigentlich unter die Erde? Oder kann man sich frei für einen Aufbewahrungsort entscheiden? Unser Gesetz gibt darauf eine klare Antwort: Die Urnenbestattung ist in Deutschland der Sargbestattung im Hinblick auf die Verpflichtung einer Beisetzung auf einem öffentlichen Friedhof völlig gleichgestellt. In der Vergangenheit wurde hier medienwirksam diskutiert, ob dieser »Bestattungszwang« für Urnen noch zeitgemäß sei. In meinen Augen ist er das auf jeden Fall. Schon zu Lebzeiten kann niemand ein Besitzrecht an einem anderen Menschen ausüben. Warum sollte sich das durch Eintritt des Todes ändern?

Im Einzelfall könnte eine solche Vorgehensweise zu starken Konflikten und auch zu problematischen Verläufen von Trauerprozessen führen. Der Kreis der Trauernden ist im Normalfall größer als der enge Familienkreis, oftmals sind

In Bezug auf den Bestattungszwang habe ich eine klare Meinung: Schon zu Lebzeiten kann niemand ein Besitzrecht an einem anderen Menschen ausüben. Warum sollte sich das durch Eintritt des Todes ändern?

mehr Personen betroffen als nur Ehepartner und Kinder. Meist gibt es noch zahlreiche andere Menschen, die gern einmal zum Friedhof und zum Grab gehen würden, um des Verstorbenen gedenken zu können. Steht die Urne nun aber zu Hause in einem privaten Bereich, dann kommt dort keiner mehr hin. Ich halte das für eine fatale Entscheidung. Und zwar nicht nur im Fall von Prominenten, sondern zum Beispiel auch im Fall von Patchworkfamilien. Wir haben es nicht nur einmal erlebt, dass ein Mann starb, der in zweiter Ehe verheiratet war und seine neue Ehefrau die Urne zu sich nach Hause mitnehmen wollte. Die Kinder aus erster Ehe hätten in diesem Fall keine Grabstelle und somit keinen unmittelbaren Trauerort gehabt. In solchen Fällen ist nicht nur Streit vorprogrammiert, sondern eine ganze Familie kommt auf unabsehbare Zeit nicht zur Ruhe und kann ihren Trauerprozess nicht abschließen. Das Gleiche gilt aber auch für das gesamte soziale Umfeld eines Verstorbenen. Es liegt für mich auf der Hand, dass die Urne zu Hause kein guter Weg sein kann, weil somit ein Teil des wichtigen

Trauerprozesses auf der Strecke bleibt, bei dem es darum geht, die Situation zu realisieren, zu verarbeiten und später auch ein Stück weit den Verstorbenen loszulassen.

Dieser Punkt des Loslassens ist ein weiterer Grund, der ganz klar für eine Beisetzung auf dem Friedhof spricht. Wie kann jemand loslassen, wenn die Urne auf dem Kaminsims steht? Es kann mir doch niemand ernsthaft weismachen wollen, dass er nach ein paar Jahren eine neue Frau zu sich einlädt und die verstorbene Frau steht immer noch da oben und schaut zu. Meiner Meinung nach kann das nicht gesund sein, und der Trauerprozess ist in solch einem Fall noch nicht bewältigt. Für die seelische Gesundheit ist der Friedhof ein ganz wichtiger Faktor. Er ist ein öffentlicher Raum, den Arbeitskollegen, Schulfreunde, Nachbarn, Freunde aus dem Verein oder der Postbote jederzeit besuchen können. Hier kann jeder hingehen und des Verstorbenen gedenken. Der Friedhof als öffentlicher Raum schafft einen Ort, um loszulassen und Trauer zu bewältigen. Letztendlich trägt er dazu bei, dass der Abschied von einer Person – egal ob sie ein enges Familienmitglied oder gar eine Person des öffentlichen Lebens war – gelingen kann.

D'R ZOCH KÜTT

Die meisten Menschen horchen verblüfft auf, wenn sie erfahren, dass ich als Bestatter schon sehr viele Jahre aktiv den Kölner Karneval mitgestalte. Häufig ist von meinem unglaublichen »Spagat« die Rede, den ich mit meinen beiden Leidenschaften vollbringe. Dabei sehe ich zwischen meinen Tätigkeiten überhaupt keinen Widerspruch, sie bilden für mich vielmehr eine Einheit. Der Karneval und die Bestattung haben vieles gemeinsam: Sie sind beide unabwendbar (zumindest in Köln), immer geht es um große Gefühle, es kommen viele Menschen zusammen, Masken werden aufgesetzt und fallen gelassen, es wird gesungen und vieles mehr. In meiner Rolle als Bestatter und als Karnevalist bin ich Organisator eines Festes. Auch die Beerdigung ist letztendlich ein Familienfest oder ein Fest mit öffentlicher Beteiligung genau wie der Karneval. Hier herrschen die gleichen Gesetzmäßigkeiten: Wenn sich irgendwo ein Fehler einschleicht, erinnert sich jeder Anwesende noch Jahre später daran. Wenn beim Karnevalszug irgendetwas schiefläuft, sieht die ganze Stadt zu und redet hinterher darüber. Genauso gräbt sich eine mögliche Panne bei einer Beerdigung in die Erinnerung der Trauergäste. So kommt es, dass wir beispielsweise bei einem Staatsbegräbnis immer einen zweiten Leichenwagen bereithalten, falls der erste, aus welchem Grund auch immer, ausfallen sollte. Beim Karnevalszug steht mit gleicher Begründung immer ein

Ersatztraktor in irgendeiner Seitenstraße. Für mich zeigt sich daher mehr Verbindendes denn Trennendes zwischen diesen beiden Welten.

Mein Tun und Handeln unterscheidet sich nicht. Es kommt auf eine gute Vorbereitung, eine schlüssige Dramaturgie und perfektes Timing an. Natürlich spielen ganz

Im Prinzip ist es für mich egal, ob ich eine traurige oder eine lustige Festivität organisiere – ob es eine Hochzeit, eine Beerdigung oder der Karneval ist. Am Ende des Tages ist mein Handwerkszeug das gleiche.

viele Komponenten bei der programmatischen Gestaltung eine Rolle. Das kann Musik sein, das können Blumen, das können Reden sein. Und dabei ist es unerheblich, ob es sich um einen Pfarrer oder einen Büttenredner handelt. Inhaltlich macht es natürlich einen großen Unterschied, aber organisatorisch absolut nicht. Es muss dafür gesorgt werden, dass Menschen mit Autos hin- und hergebracht werden. Der Pfarrer muss pünktlich mit dem Taxi zur Trauerhalle gefahren werden und vorher seine Inhalte für die Rede mit der Familie abgesprochen haben. Auch der Büttenredner hat zu einer bestimmten Zeit an einem bestimmten Veranstaltungsort zu sein und sollte inhaltlich gebrieft sein, um zu wissen, in welchem Rahmen er dort auftritt und welche Rede er halten soll. Interessanterweise sind sogar häufig die Ansprechpartner bei den jeweiligen Ämtern wie beispielsweise der Stadtverwaltung, dem Ordnungsamt, der Polizei, dem Taxiruf und vielen weiteren Stellen die gleichen – es macht rein von der Organisation her keinen Unterschied, ob man einen Trauerzug durch die ganze Stadt plant oder aber für den Rosenmontagszug arbeitet. Seit ich mit diesen Menschen in Kontakt komme, treffen immer wieder die gleichen Leute zusammen und kümmern sich um die jeweilige gerade anstehende Festivität. Niemand von ihnen ist dauerhaft lustig oder gar dauerhaft traurig. Im Planungsgremium des Rosenmontagszugs fliegt nicht ständig Konfetti, genauso wenig wie es bei der Organisation einer Beerdigung immer bierernst zugeht. Die Arbeit ist von der Emotion der jeweiligen Festivität entkoppelt.

Im Kölner Karneval geht es übrigens nicht um eine große sinnfreie Party – viele Rituale haben einen tieferen Bezug. Da kommt in unserer kölsch-katholischen Welt noch eine ganz andere Ebene hinzu, die Leben und Tod zusammenbringt. Der Karneval spiegelt nämlich jedes Jahr eine Geburt und einen Tod wider. Am Ende jeder Session wird der Nubbel, also die traditionelle Strohpuppe des rheinischen Karnevals, als Sündenbock verbrannt, er steht wieder auf und hängt im nächsten Jahr wieder über den Straßen der Stadt. Und auch die Lieder, die im Karneval gesungen werden, sind in der Regel keinesfalls nur ausgelassene Spaßmusik. Manchmal verleiten sie einen tatsächlich dazu, auf den Tischen zu tanzen, aber manchmal auch, zu Tränen gerührt zu sein. Hier wird das Leben in seiner ganzen Bandbreite erfasst. Wenn man sich dem Karneval öffnen und ihn mitfeiern mag, lässt sich dieses Spannungsfeld zwischen Leben und Tod auch in den vielen Liedern erfahren. Es ist immer alles ganz nah beieinander.

Der Karneval hat bei uns in Köln eine sehr lange Tradition. Im Christentum stehen diese ausufernden Feiern immer vor einer entbehrungsreichen Zeit. Der Höhepunkt des Karnevals, nämlich der Straßenkarneval, endet mit dem Aschermittwoch und geht direkt in die Fastenzeit vor Ostern über. Und auch der 11. 11., an dem die neue Session freudig gefeiert wird, liegt genau sechs Wochen vor Heilig Abend, in denen früher eine vorweihnachtliche Fastenzeit zelebriert wurde. Im Mittelalter geriet der Karneval ein wenig außer Kontrolle, weshalb versucht wurde, das karnevalistische Treiben in ruhigere Bahnen zu lenken. Hieraus resultierten zeitweise Maskenverbote oder Ähnliches. Im Wesentlichen ging es im Karneval schon damals darum, sich über die Obrigkeit lustig zu machen und umgekehrte Welt zu spielen. Irgendwann machte man sich Gedanken, dem Treiben wieder einen Sinn und eine Richtung zu geben. Zum einen etablierte sich daraufhin hier in Köln der Zug als Instrument, also eine Straßenkarnevalsveranstaltung, die wie eine Parade funktionierte. Zum anderen ging man dazu über, zeitkritische oder zeitgenössische Themen heranzuziehen, egal ob das gesellschaftliche, politische oder technische Entwicklungen waren, die sich in dem Motto des jeweiligen Zuges wiederfinden ließen und die auch schon früh in den Ausgestaltungen der Wagen umgesetzt wurden.

In der Tradition des Umkehrens von Machtverhältnissen und des Gedankens eines närrischen Herrschers wurde hier in Köln der Held Karneval eingeführt, der anfangs die karnevalistische Macht allein ausüben durfte. Irgendwann bekam er eine Jungfrau an die Seite gestellt, was in vielen anderen Städten im Rheinland auch so geblieben ist. Da gibt es neben dem Prinzen zum Beispiel die Venetia in Düsseldorf oder die Bonna in Bonn. In Köln erinnert die Jungfrau im römischen Gewand an die Stadtgründerin Agrippina sowie an die Jungfräulichkeit und Unversehrtheit der Stadt. Diese Rolle wird seit fast 200 Jahren, wie im Mittelalter bei allen Bühnenrollen üblich, von einem Mann dargestellt. Weil Köln als freie Reichsstadt schon immer ein großes Selbstbewusstsein hatte und nie eine Residenzstadt war – hier fehlte es an jeglichem höfischen Gehabe, denn Köln war immer eine bürgerliche und einfache Stadt –, erhielt der Bauer eine tragende Rolle und stand für ihre Wehrhaftigkeit. In ihrer ganzen Geschichte konnte Köln nie eingenommen werden. Im Fall der Fälle öffnete die Stadt ihre Tore freiwillig. Und das trägt sie noch heute mit einem gewissen Stolz vor sich her. Mit dem Bauern bildete sich dann mit den Jahren das heute bekannte Dreigestirn heraus, das aus Prinz, Bauer und Jungfrau besteht. Diese drei Figuren sind die offiziellen Repräsentanten des Karnevals, erhalten ihre närrische Macht und die dazugehörigen Insignien von der jeweiligen Oberbürgermeisterin oder dem jeweiligen Oberbürgermeister und stehen dem gesamten Karneval vor. Die Insignie des Prinzen ist die Pritsche, die einem Narrenzepter ähnelt, gleichzeitig aber auch ein bisschen verrückt aussieht wie die eines Clowns oder eines Kaspers. Bei der Jungfrau ist es der Spiegel, in dem einerseits die verzerrte Wirklichkeit zu sehen ist, andererseits aber auch die Stadt, wie sie an manchen Stellen wirklich ist. Der Spiegel ist ein wunderbares Element, mit dem sich sehr stark spielen lässt – er kann auch der Narrenspiegel sein, den man jemandem vorhält. Der Bauer bekommt symbolhaft die Schlüssel der Stadt überreicht, die hier in Köln tatsächlich denen eines historischen Stadttors nachgebildet sind. Außerhalb der Session liegen die Insignien im Safe der Oberbürgermeisterin oder des Oberbürgermeisters und werden dort bestens verwahrt. Erst zur nächsten Proklamation werden sie wieder herausgeholt und den neuen Würdenträgern frisch aufgearbeitet übergeben. Ich bin froh, dass mir als Festkomitee-Präsidenten die Aufbewahrung nicht obliegt, denn mir reicht schon meine Präsidenten-Kette, auf die ich aufzupassen habe. Zu Beginn des letzten Jahres standen wir vor der Herausforderung, dass wir mit dem Dreigestirn zum Papst nach Rom geflogen sind. Selbstverständlich mussten die Insignien dorthin mitgenommen werden, was sich als sehr spannend herausstellte, da diese Werte im Flugzeug nicht einfach aufgegeben werden können. Würde ein Koffer mit den Sachen verschwinden, wäre das fatal. Deswegen dürfen sie laut Versicherung nur persönlich befördert werden. Das wiederum ist aus sicherheitstechnischen Gründen schwierig umzusetzen. Somit galten bei dieser Reise unsere Insignien als Sondergepäck des Piloten und wurden von ihm höchstpersönlich mitgenommen. Da lobe ich mir meine zwar wertvolle, aber sicherheitstechnisch doch unverdächtige Amtskette!

Kritikern des karnevalistischen Treibens kann ich nur entgegnen, dass sie es offensichtlich nicht kennen. Von außen betrachtet ist der Karneval sicher mancherorts nur schwer zu verstehen, wenn man aber mittendrin steckt, ist es wie ein Fieber. Natürlich gibt es auch bei mir zwischendurch Zeiten, in denen ich irgendwie keine große Lust auf das ganze Brimborium habe und nicht besonders in Karnevalslaune bin. Die Weihnachtszeit ist gerade erst vorbei, und die besinnliche Stimmung hält noch an. Da kann selbst ich mir nicht so recht vorstellen, mich zu kostümieren und loszulegen. Diese Gefühlslage ist allerdings nie von langer Dauer. Je näher der Karneval rückt, desto mehr steigt meine innere Quecksilbersäule. Diesem Gefühl kann ich mich nicht entziehen.

Jedes Jahr nehme ich mir vor, schon im Sommer mit den Vorbereitungen für mein nächstes Kostüm anzufangen, weil es endlich mal etwas ganz Besonderes werden soll. So hätte ich genügend Zeit, alles Nötige zu besorgen, und wäre dann zur kommenden Session bestens präpariert. Natürlich schaffe ich das nie, und in jedem Jahr muss immer wieder alles in der letzten Minute passieren, und in der Regel trage ich dann wieder ein improvisiertes Kostüm aus dem Koffer, der auf dem Speicher steht und in dem sich ein Sammelsurium der Kostüme der letzten zehn Jahre angesammelt hat. Da sucht man sich etwas zusammen, kombiniert, bastelt, holt zwei, drei kleine neue Teile dazu und ist wieder gut eingekleidet. So geht es am Ende jedem in meiner Familie. Und mir zeigt das, dass man den Karneval fühlen muss. Man muss diese Stimmung in der Stadt spüren, wie plötzlich alles vibriert und es endlich losgeht. Ich erlebe es jedes Jahr aufs Neue, wenn der Karneval nach den vielen Saalveranstaltungen an Weiberfastnacht endlich auf die Straße geht, dann ist das wie ein Erlösungsschlag. Im vergangenen Jahr ist mir das wieder besonders aufgefallen. Wir hatten eine sehr lange Session, und zwei Wochen vor dem eigentlichen Straßenkarneval, also bevor es so richtig losging, stiegen die Traditionskorps plötzlich zwei Blocks vor ihrem Veranstaltungsort aus ihrem Bus aus, um bei gutem Wetter mit klingendem Spiel ein paar Schritte auf der Straße laufen zu können. Da entsteht so ein Drang, dass man etwas zeigen möchte, man möchte einfach raus. Die Menschen haben es nicht mehr ausgehalten, das war verrückt und total schön zu sehen.

Vor ein paar Jahren lud ich mal einen Geschäftspartner aus dem Norden ein, um ihm den Karneval zu zeigen. Er organisierte daraufhin einen ganzen Betriebsausflug und trudelte mit lauter Nordlichtern hier bei uns zur fünften Jahreszeit ein – sie waren alle total begeistert vom Karneval, so dass sie im folgenden Jahr gleich wiederkommen wollten.

Hier in Köln kann sich eigentlich niemand dem Karneval entziehen, er wird überall gefeiert – im Kindergarten, in der Schule, im Büro und auf der Straße. An einem Tag kommt man an die Haltestelle, an der man tagtäglich in den Bus steigt und zur Arbeit fährt, und es ist alles wie immer. Nur einen Tag später kommt man morgens an dieselbe Haltestelle, an der die gleichen Leute stehen und warten, aber alles ist anders. Plötzlich sind dort alle kostümiert. Sie fahren verkleidet zur Arbeit, ob ins Büro oder an die Werk-

Mich fasziniert jedes Jahr aufs Neue, wie der Karneval am 11.11. oder aber an Weiberfastnacht Einzug in den Alltag der Menschen hält.

bank, und sitzen dann als Prinzen und Prinzessinnen in der Stadtverwaltung am Schreibtisch oder verkaufen als Superman und Clown Brötchen in der Bäckerei. An diesen Tagen fiebert jeder dem Feierabend entgegen, hört vielleicht ein bisschen früher auf als sonst und geht dann in der Stadt mit den Kollegen feiern. Manche Unternehmen veranstalten sogar eigene Karnevalspartys für ihre Mitarbeiter, auf denen sie einmal im Jahr fünfe gerade sein lassen dürfen. Und am nächsten Tag ist alles wieder so, wie die restlichen rund 250 Arbeitstage im Jahr. Dann stehen alle wieder im

Anzug an der Bushaltestelle, und nichts erinnert mehr an die Jecken von gestern. Es macht nicht nur sehr viel Spaß, sondern es motiviert auch enorm, sich diese Auszeit zu gönnen in dem Wissen, schon morgen ist alles wieder vorbei und jeder geht dann mit Disziplin und Eifer seinem normalen Arbeitsalltag nach.

Ich habe schon alle großen Karnevalsmetropolen dieser Welt gesehen, ob Rio de Janeiro, Venedig oder meinetwegen auch Düsseldorf. Keine Stadt lebt den Karneval so ganzheitlich wie Köln. In Düsseldorf, Dresden oder Berlin gibt es Karneval, dort feiern aber nur eingefleischte Karnevalisten. In Köln feiert einfach jeder, von der Kita bis zum Altenheim! Diese karnevalistische Durchdringung durch alle Bereiche ist etwas typisch Kölsches. Das gibt es sonst nirgendwo auf der Welt.

Ich schaue immer sehr genau, welche Kostüme sich die Leute überlegen, und versuche, daraus meine Rückschlüsse auf die jeweilige Person zu ziehen. Keiner wählt ein Kostüm oder eine Rolle ohne Grund, manchmal auch unbewusst, das hat immer auch etwas mit dem Menschen selbst zu tun. Wenn man auf einer Veranstaltung durch die Reihen geht und guckt, wer sich wie verkleidet hat und wer wie agiert, ist das sehr aufschlussreich. Für mich ist das Psychologie pur.

Besonders für Kinder ist der Karneval natürlich ein großes Geschenk, denn welches Kind hat keinen Spaß am Verkleiden und am Rollenspiel? Einmal im Leben ein Superheld sein, Cowboy und Indianer spielen, als Clown die Pappnase aufhaben oder sich einen Tag wie eine Prinzessin zu fühlen. Worin man sich auch verwandelt, es ist spannend, schön und lustig, kurzzeitig in eine andere Rolle zu schlüpfen. Im Grunde sind das alles kleine Wunschträume, die da ausgelebt werden – nicht nur bei den Kindern, und das ist, glaube ich, für die menschliche Psyche und fürs Seelenheil etwas ganz Wichtiges.

Toll ist auch, dass alles nebeneinander funktioniert. Batman spielt mit dem Panzerknacker und die böse Hexe mit der guten Fee. Jeder ist in seiner Rolle genau das, was er ist, und trotzdem werden alle Klischees einfach weggewischt. Kinder lieben es, dass sich plötzlich der Papa als Polizist verkleidet und die Mama als Bienchen. Für sie ist es schön zu sehen, dass die Eltern noch einmal ein Stück weit wieder Kind werden. All das macht den Karneval für Kinder zu einer ganz besonderen Zeit. Und ich glaube, würde man ein Kind, das hier in Köln groß wird, fragen, welches das wichtigste Ereignis im Jahr ist, dann würde ihm die Antwort nicht leichtfallen. Es hat die Wahl zwischen seinem Geburtstag, dem Weihnachts- oder Osterfest oder doch eher der Karnevalszeit? Ich glaube, dass man ein Kind mit dieser Frage in eine echte Bredouille bringen würde. Für mich jedenfalls war damals der Karneval immer wichtiger als all die anderen Feste. Als Kind stellte ich mir das Jahr immer wie einen Kreislauf vor, und für mich war der Karneval der Höhepunkt von allem.

Den Saalkarneval, wie wir Erwachsenen ihn zelebrieren, gibt es für Kinder so nicht, dennoch finden in der Karnevalszeit ganz viele Veranstaltungen für Kinder statt. Gleich zu Beginn des Jahres geht es los mit der Kinderproklamation, bei der das Kinderdreigestirn von der Oberbürgermeisterin oder dem Oberbürgermeister sowie vom Präsidenten des Festkomitees in sein Amt eingeführt wird. Bei dieser großen Party kommen mehr als tausend Kinder zusammen, die natürlich alle verkleidet sind und eine riesige Sause begehen. Ab diesem Zeitpunkt finden immer wieder kindgerechte Veranstaltungen statt, bis zum Höhepunkt der Session, wenn dann die einzelnen Kindergärten, Schulen, Sportvereine und Musikgruppen in ihren jeweiligen Stadtvierteln auf die Straße gehen, in ihren Veedelszügen. Für die Kinder ist es das Finale, für das sie wochenlang gemalt und gebastelt, auf das sie hingearbeitet haben. Nicht nur in den Schulen, auch in vielen Haushalten wird zu Karneval ordentlich dekoriert und geschmückt, mancherorts mehr als zur Weihnachtszeit. Da werden Fensterbilder an die Scheiben geklebt, Luftschlangen gepustet und Konfetti verstreut. Wenn man das als Kind erlebt, dann hat das seinen ganz eigenen mystischen Zauber.

Zu meiner Sturm-und-Drang-Zeit gab es eine Phase, in der ich Karneval nicht toll fand. Die Pubertät bringt im Allgemeinen mit sich, dass man alles ablehnt, was die Eltern machen. In dieser Phase versuchte ich mich irgendwie abzugrenzen und eine eigene Art zu finden, um Karneval zu feiern. Doch dafür gab es damals gar kein Angebot, weshalb ich es auch nicht so richtig geregelt bekam und planlos, aber kostümiert mit meinen Freunden durch die Stadt lief und nicht wusste, was ich nun eigentlich tun wollte. Wenig später kam die Phase, in der ich mit meiner Berufsausbildung und der Familiengründung beschäftigt war und erst einmal ganz andere Dinge in meinem Fokus lagen. Der Karneval spielte aber latent immer eine Rolle in meinem Leben. Spätestens zum Höhepunkt jeder Session war ich beim Straßenkarneval dabei. Auf der Vereinsseite war ich jedoch eine Zeitlang inaktiv. Irgendwann, nachdem ich beruflich und familiär wieder auf dem Weg war, erinnerte ich mich an das, was der Karneval noch zu bieten hat, und war dann plötzlich auch vereinstechnisch wieder mittendrin.

Im Gegensatz zu früheren Zeiten registrieren wir die jugendliche Abkehr vom Karneval gar nicht mehr so stark. Wir stellen dagegen fest, dass der Karneval extrem vielfältig geworden ist und mit seinem breiten Spektrum eigentlich für jeden etwas bereithält. Er deckt von der Kinderveranstaltung bis zur Rave-Party, von Flüsterveranstaltungen, wo der leise, feine und hochintelligente Karneval zelebriert wird, bis hin zum klassischen Karneval alles ab. Der alternative Karneval existiert neben dem herkömmlichen, die Grenzen verwischen immer mehr, und alles wird durchlässiger. Außerdem hat sich hier in Köln eine tolle Musikszene entwickelt. Aufgrund der Tatsache, dass wir hier inzwischen die zweitgrößte europäische Musikhochschule nach Wien beheimaten, zieht es auch junge Musiker und Bands in die Stadt, wofür wir unheimlich dankbar sind. Erstmals wird Musikern eine fundierte, gute Ausbildung an diesem Standort geboten und zusätzlich die Möglichkeit, von der Musik auch leben zu können – nämlich durch die Auftritte im Karneval. Und das ist nicht selbstverständlich. Insofern ist das hier ein toller Nährboden für Musik. Da gibt es den klassischen Musiker, der normalerweise im Orchester spielt und während der Karnevalszeit sein Geld zum Leben verdienen kann. Oder den weltweit angesagten DJ, den man plötzlich auf einer karnevalistischen Veranstaltung erleben kann. Das führt dazu, dass hier eine junge Musikszene entsteht, die plötzlich cool und hip ist, und Jugendliche gar keinen Grund mehr haben, sich vom Karneval zu distanzieren. Plötzlich wird der Karneval akzeptiert von Kindern im Alter von sechs Jahren, Jugendlichen im Alter von sechzehn

Jahren und jungen Erwachsenen im Alter von zwanzig Jahren – das zieht sich ohne Unterbrechung bis ins hohe Alter durch.

Auf meinem Startbildschirm vom Handy ist derzeit das Foto meines Urgroßvaters als »Blauer Funk« zu sehen. Das ist ein Foto von 1890, da waren die Blauen Funken gerade mal zwanzig Jahre alt. Hieran lässt sich also schon eine gewisse Familientradition erkennen, denn heute sind mein Sohn Marcel und ich bei den Funken aktiv. Nicht nur der Karneval an sich gehört seit jeher zu unserer Familie, sondern auch die Zugehörigkeit zu Vereinen ist bei uns seit Generationen üblich. Schon als Kind sog ich das quasi mit der Muttermilch auf. Als mein Opa noch das Bestattungshaus führte, erinnere ich mich an Jahre, in denen zu Karneval die Schreinerei ausgeräumt wurde – Werkbänke und Särge kamen zur Seite –, stattdessen wurde tonnenweise Sand aufgeschüttet, weil mein Opa das Thema Afrika oder Wüste ausgerufen hatte, und Palmen wurden gebastelt. Anschließend stieg dort eine richtig große Party für Angestellte, Freunde und Vereinskollegen. Ich habe also von Kindesbeinen an gelernt, etwas für die Gemeinschaft zu tun. Jeder bringt ein, was er kann, um einen schönen Abend zu haben. Der Erste organisiert den Raum, der Zweite bastelt die Dekoration, der Dritte bringt Käsewürfel mit, und der Vierte holt das Kölsch – schon ist die Party fertig. Natürlich habe ich bei den verschiedenen Veranstaltungen schnell gemerkt, dass es Vereine gibt, die das professioneller organisieren. Sie versuchen durch eine gewisse Arbeitsteilung die Fertigkeiten jedes Einzelnen noch besser zu nutzen. Und diese eigenen Fertigkeiten zu entdecken ist natürlich etwas sehr Wertvolles. Man findet individuell Bestätigung, erlebt dieses Gemeinschaftsgefühl – das sind Erfahrungen, die mit keinem Geld der Welt zu bezahlen sind. Bei mir war es als Erstes die Kindertanzgruppe, in der ich Mitglied war. Das gesamte Jahr über tanzten und probten wir, um dann im Karneval unsere Auftritte zu haben. Wir standen in großen Sälen vor Erwachsenen auf der Bühne und bekamen Applaus für das, was wir dort leisteten. Das waren Erfolgserlebnisse pur, die uns wieder für ein Jahr Disziplin motivierten. So funktioniert es am Ende überall hinter den Kulissen und auf den Bühnen des Karnevals – durch die Motivation, sich selbst einzubringen. Und über die Zeit wächst man mit seinen Aufgaben. Als ich der Kindertanzgruppe entwachsen war, den klassischen Karneval zwar nicht so toll fand, aber den Rosenmontagszug sehr wohl, da half ich als Kamellejung dabei, das Wurfmaterial auf dem Wagen anzugeben und im Vorfeld alles vorzubereiten. Dieses ehrenamtliche Engagement hat bei mir nie aufgehört, und ich finde das sehr wichtig. Das Ehrenamt ist es, glaube ich, was den Karneval so stark macht. Jeder leistet individuell einen Beitrag, ohne den das Ganze nicht durchführbar wäre. Nehmen wir beispielsweise irgendeine Veranstaltung, die ein Verein hier in Köln ganz professionell organisiert, meinetwegen eine Sitzung, ein Ball oder ein sonstiges Format. Würde das ehrenamtliche Engagement wegfallen und müsste man jede einzelne Leistung dotieren, dann würde die Veranstaltung zu dem heutigen Preis nicht mehr funktionieren. Sie würde vielleicht drei-, vier-, fünfmal so teuer sein und damit vermutlich gar nicht mehr stattfinden. Auf diesem hohen professionellen Level geht das nur durch das Ehrenamt. Dadurch werden kulturell vielfältige und hochwertige Veranstaltungen auf die Beine gestellt, die am Ende sogar noch wirtschaftlich sind, so dass der Verein mit schwarzen Zahlen daraus hervorgeht, um fürs nächste Jahr eine kleine Rücklage zu haben und etwas Neues planen zu können. So soll der Karneval im Idealfall funktionieren.

EINMAL PRÄSIDENT SEIN

Das Festkomitee ist hier in Köln so etwas wie ein Dachverband der Karnevalsgesellschaften. 120 der etabliertesten Vereine bilden eine Gemeinschaft. Sie wählen ein Gremium und einen Vorstand, der mit seinem Instrumentarium übergeordnete Aufgaben wahrnimmt, wie zum Beispiel die Organisation des Rosenmontagszuges. Eine einzelne Karnevalsgesellschaft wäre mit dieser Aufgabe total überfordert. Vierzehn festangestellte und über hundert ehrenamtliche Mitarbeiter zählt das Festkomitee. Als Präsident absolviere ich auch außerhalb der Karnevalszeit oftmals Achtstundentage – ehrenamtlich, neben meiner beruflichen Tätigkeit. Und das ist bei vielen meiner Vorstandskollegen ebenso. Im Hinblick auf die eingesetzte Zeit und die Professionalität ist dieses Ehrenamt wie ein zweiter Beruf. Schaut man aber auf die Entlohnung, dann ist es ein reines Hobby. Bei der Besetzung der Vorstandspositionen richten wir uns nicht nach Vereinszugehörigkeiten, sondern nach dem offenkundigen Engagement, in unserem Team etwas zu gestalten, und nach den mitgebrachten Kenntnissen. Hier arbeiten Leute, die vielleicht gar nicht in irgendwelchen Karnevalsvereinen aktiv sind, die aber einen beruflichen oder persönlichen Hintergrund mitbringen, der unseren Kreis auf bestimmte Art und Weise bereichert. Egal in welcher Position, jeder erledigt hier seine Aufgabe auf ganz professionellem Niveau.

Das Festkomitee unterstützt einerseits die rund 120 Gesellschaften bei den, sagen wir mal, weniger reizvollen Themen des Karnevals, wie beispielsweise bei Fragen zur Anmeldung bei der GEMA, rund um die Künstlersozialkasse oder das Seminarwesen für Schatzmeister und Tanztrainer sowie alle anderen Vereinsthemen. Der Karneval ist professionell organisiert, da müssen all diese Dinge vernünftig geregelt sein. Diesbezüglich agieren wir wie ein klassischer Dachverband. Wir kümmern uns gleichzeitig aber auch um Aufgaben, die den Gesamtkarneval betreffen, weil uns die Vielfalt des Karnevals besonders am Herzen liegt. Was kaum jemand weiß: Wir unterstützen beispielsweise große Teile des alternativen Karnevals. Auch fördern wir die kleinsten Karnevalseinheiten, die aus Nachbarschafts-Zusammenschlüssen bestehen und sich nur wenige Male im Jahr treffen, um dennoch etwas für die Züge in den Veedeln auf die Beine zu stellen. An dieser Stelle ist sehr viel Unterstützung notwendig, die wir sehr gerne leisten, weil wir dieses Engagement für überaus wichtig erachten. Ein anderes Beispiel ist die Unterstützung von auswärtigen Studierenden, die für eine bestimmte Zeit nach Köln kommen und sich im Karneval engagieren möchten. Manchmal fehlt ihnen noch der eigene Zugang zu dieser fünften Jahreszeit, und wir bemühen uns dann, mit der Stadtverwaltung und der studentischen Vertretung, dem AStA, etwas anzubieten, das eine Brücke zum etablierten Karneval schlagen kann. Wir sehen diese Studenten als Botschafter – wenn sie irgendwann wieder in ihre Heimat zurückkehren, nehmen sie ein wenig kölsches Lebensgefühl mit und können es an einen anderen Ort der Welt hinaustragen.

Im Augenblick arbeiten wir an Strategien und Konzepten,

mit denen wir den Karneval noch mehr als Integrations- und Inklusionsprojekt nutzen können. Wir möchten Menschen mit Handicap stärker integrieren und eine größere Selbstverständlichkeit für das gemeinsame Miteinander erzeugen. Das sollen keine Vorzeigeprojekte sein nach dem Motto: Das ist der Karneval der Behinderten. Wir wollen das wirklich zusammenführen und selbstverständlich machen, so dass es eben gar nicht mehr als etwas Besonderes wahrgenommen wird.

Ich selbst moderiere nun schon im dritten Jahr die Kölner Blindensitzung. Eine Sitzung mit einem blinden oder sehbehinderten Auditorium. Das ist in der Moderation eine große Herausforderung, schließlich muss man die fehlende Sehkraft der Besucher ersetzen. Aber der Moment, in dem das Dreigestirn oder ein Tanzpaar von der Bühne in den Saal hinunter geht und bei dem dann die Besucher die Uniform oder das Ornat ertasten, ist hochemotional und entschädigt für viele Mühen und Sorgen in der Vorbereitung.

Schon seit dem Mittelalter sind karnevalistische Veranstaltungen immer fest mit sozialen Aktionen verbunden.

Das Wundervolle am Karneval ist für mich, wie er es schafft, Unterschiede zwischen den Menschen zu verwischen und sie auf so einfache und offene Weise zusammenzubringen.

Feierte man damals im Saal, wurde direkt eine Abgabe an das Armenhaus mit eingenommen. Im Prinzip gilt das bis heute. Jeder Verein hat ein oder mehrere soziale Projekte, die er unterstützt. So werden derzeit im Kölner Karneval in jedem Jahr rund zwei Millionen Euro erwirtschaftet und zu sozialen Zwecken weitergegeben. Damit kommt dem Karneval eine weitere wichtige gesellschaftliche Rolle zu. Auch werden Veranstaltungen in Krankenhäusern und Altenheimen, auf Palliativ- und Onkologiestationen und sogar in der Justizvollzugsanstalt gefeiert. Hier bringt der Karneval etwas Ablenkung, Normalität und auch Wertschätzung in den oftmals tristen Alltag hinein.

Als vor ein paar Jahren die Anzahl der vor Krieg und Terror in Köln Schutzsuchenden zunahm, entstanden kurzerhand verschiedene Projekte, deren Ziel es war, diese heimatlosen Menschen in den Karneval – insbesondere den Straßenkarneval – zu integrieren. Die, die das Angebot annahmen, erlebten den Karneval mittendrin – im Kostüm und mit allem, was dazu gehört. Im Karneval findet jeder seinen Platz, und jeder darf mitfeiern! Wenn jemand ein kleines Handicap hat, merkt man das unter der Maske vielleicht gar nicht. Und wenn Menschen aus anderen Kulturen kommen, lässt sich in der Regel immer ein Zugang finden. Fast in jeder Kultur gibt es Verkleidungsfeste. Darüber lassen sich die Menschen meist an den Karneval heranführen. Insofern ist der Karneval für die Kölner Gesellschaft, für das ausgeprägte Gefühl des Miteinanders in der Stadt, ein ganz zentrales Element. Wie tolerant, offen und gesellig Köln ist, merkt man, wenn man hier in ein Gasthaus geht. Kaum dass man sitzt, hat man sofort Kontakt zu den Sitznachbarn links und rechts neben sich. Hat man an seinem Tisch noch zwei Plätze frei, wird immer gefragt, ob man sich dazusetzen kann. Ein Großteil dieser Mentalität ist ganz sicher dem Karneval zu verdanken, denn hier ist es sehr viel einfacher, Kontakte zu knüpfen. Das schult die Kölner offensichtlich für den Rest des Jahres.

In Bezug auf Feiern und Alkohol stellt sich gerade bei Menschen aus Kulturen, die keinen Alkohol trinken, oftmals die Frage, wo sie hingehen können. Sicherlich gehört für viele Jecken auch das Kölsch zum Feiern mit dazu, für die einen mehr, für die anderen weniger. Grundsätzlich ist Alkohol aber auf keiner Veranstaltung ein Muss, und am Ende entscheidet jeder selbst, ob und wie viel er trinken möchte.

Für mich stellt sich auch immer die Frage, wie man mit solchen Situationen umgeht. Selbst wenn ich Vegetarier bin, kann ich ja trotzdem in ein Restaurant gehen, in dem auch Fleisch auf den Teller kommt – ich muss es ja nicht essen. Ich persönlich trinke während der Karnevalszeit kaum Alkohol, weil ich ständig irgendwo auf Sendung bin und immer irgendetwas machen muss. Man kann auch ohne Promille lustig sein, man kann vielleicht sogar schlauer lustig sein ohne Alkohol ...

Aber natürlich kann Alkohol auch zu einem Problem werden, vor allem bei jungen Menschen. Deswegen investierten wir seit ein paar Jahren unter anderem Geld in Streetworker, die während der Hochphase des Karnevals gezielt Jugendliche ansprechen, um Alkoholmissbrauch zu vermeiden. Natürlich sollen die Kids ihren Freiraum haben, wir wollen und dürfen niemanden bevormunden. Aber eine gewisse Sorgfaltspflicht haben wir als Dachverband. Wünschenswert ist für uns eine Basis, auf der die Jugendlichen ohne Exzesse feiern können.

An manchen Stellen, glaube ich, muss man den Karneval auch ein bisschen umformen. Vielleicht muss man neue Spielplätze aufmachen, um neue Formate zu schaffen, die einen leichteren Zugang für Außenstehende ermöglichen.

In der vergangenen Session hat das schon vortrefflich geklappt: Wir haben nämlich seit letztem Jahr wieder einen jüdischen Karnevalsverein hier in der Stadt. Bereits in den 1920er Jahren gab es jüdische Karnevalsvereine in Köln. Der trockene jüdische Humor ist einzigartig und passt phantastisch in den Karneval. So wurde dieses alte Element quasi rekultiviert, was ich persönlich sehr schön finde. Für Karnevalsvereine spielt es allerdings normalerweise gar keine Rolle, welcher Religion ihre Mitglieder angehören. Da finden sich muslimische Tanzmariechen ebenso wie buddhistische Gardeoffiziere, es gibt alle Nationen und alle Kulturen, alles spielt sich nebeneinander ab. Wer weiß, wie viel Integrations- und Inklusionsarbeit der Karneval bereits geleistet hat? Es wird ja nicht erhoben, wie viele Muslime in Karnevalsvereinen aktiv sind, weil das einfach kein Thema ist.

Eine Zeit lang wurde heiß diskutiert, wie Homosexualität und Karneval zusammenpassen. Diese Diskussion war in meinen Augen vollkommener Blödsinn. Schwul oder lesbisch zu sein, ist doch kein Kriterium für oder gegen die Aufnahme in einen Karnevalsverein. Als es hier in Köln den ersten schwulen Karnevalsprinzen gab, wurde das direkt medial aufgegriffen, dabei war das für uns überhaupt kein Thema. Wir stehen grundsätzlich jeder Bewerbung für das Dreigestirn offen gegenüber. Weder Religion, Hautfarbe noch sexuelle Orientierung spielen dabei eine Rolle. Aus historisch gewachsenen Gründen müssen die Bewerber allerdings Männer sein!

Als Präsident des Festkomitees komme ich in den großen Genuss, mir alle möglichen Ressorts des Kölner Karnevals genauer ansehen zu können. Mir ist der Blick hinter die Kulissen von diversen Arbeitsprozessen erlaubt, die sonst hinter verschlossenen Türen stattfinden. Ich springe immer wieder in neue Themenbereiche hinein, was ich unglaublich bereichernd finde. In den vergangenen zwei Jahren habe ich die Auswahl und das Coaching des Dreigestirns sehr intensiv begleitet. Wenn drei Menschen auf so ein Amt vorbereitet werden, ist das ein nicht zu unterschätzender Kraftakt. Es war interessant, das mal aus der ersten Reihe mitzuerleben. Im nächsten Jahr widme ich mich wieder einem anderen Thema. Vielleicht werde ich in eine Security-Firma hineinschnuppern oder in einer Großküche lernen, wie tausend Haxen innerhalb von zehn Minuten auf den Punkt gegart werden können. Oder vielleicht auch in unserer Nachwuchsakademie die Ausbildung von neuen Talenten verfolgen. Jedes Ressort hat seinen Reiz. Ein kleines bisschen bin ich in dieser Beziehung Kind geblieben, es macht mir auch als Verantwortlicher noch Spaß zu entdecken, wie die Dinge funktionieren.

Auch innerhalb der Session suche ich immer wieder nach einem »Schlüsselloch-Moment«. Zum Beispiel half ich mal

Immer wieder bin ich mal inkognito unterwegs, um aus ganz unterschiedlichen Perspektiven den Karneval zu erleben. Das macht mir einen tierischen Spaß.

am Rand von Veranstaltungen als Roadie einen ganzen Tag bei den Auftritten der Kölschrock-Band »Brings« aus. In schwarzen Klamotten schleppte ich Boxen und stellte Mikrophone und Gitarren auf. Peter Brings, mit dem ich befreundet bin und der von meinem Einsatz wusste, hatte viel Spaß. Plötzlich wurde ihm das Mikrophon vom Festkomitee-Präsidenten, also quasi vom Chef höchstpersönlich, aufgestellt. Andere nahmen mich gar nicht wahr und schauten sozusagen durch mich hindurch. Irgendwann ging der Literat, der das Programm des Abends zusammengestellt hatte, zum Sitzungspräsidenten und fragte: »Hast du eigentlich gesehen, wer da als Roadie mitarbeitet?« »Nein, wer denn?« »Das ist doch der Kuckelkorn!« Zuvor war ich aber schon drei Mal mit dem Mikrophonständer vor beiden auf und ab gelaufen.

Ein weiteres Muss für uns, das während der Session stattfindet, ist unsere Festkomitee-Vorstandstour. Bei dieser setzen wir uns in einen Bus und fahren einen Abend lang von Veranstaltung zu Veranstaltung und klappern die großen und kleinen Säle der Stadt ab. Wir ziehen in jeden von ihnen mit Pauken und Trompeten ein, machen ein bisschen Spökes, mischen die jeweilige Veranstaltung auf und verschwinden wieder. Das ist bei professionell getakteten Veranstaltungsabläufen oftmals nicht besonders gern gesehen, aber für die anwesenden Gäste natürlich eine tolle Überraschung. Da passiert etwas Unvorhergesehenes, und plötzlich wird der Abend etwas ganz Besonderes, ein Unikat. Wir machen das selbstverständlich immer möglichst wertschätzend, aber ein wenig Anarchie ist nicht zu vermeiden. Wir sprengen große Galasitzungen genauso wie Sitzungen der alternativen Karnevalsszene. Im vergangenen Jahr platzten wir in die Sitzung von Carolin Kebekus herein und machen auch vor Stunk- oder Immisitzung nicht halt. In diesen Fällen ist natürlich die Verkleidung ein ganz zentrales Element. Um nicht zu schnell erkannt zu werden, kommen wir nicht in unseren Ornaten, sondern in privaten Kostümen. Ich war sogar schon in geheimer Mission auf einer Veranstaltung des Festkomitees, um einfach mal an der Ecke zu stehen und zu schauen, wie läuft das eigentlich alles ab, wenn ich nicht da bin.

Spätestens ab Weiberfastnacht sind dann alle Mitglieder des Festkomitees aufgerufen, keine Litevka mehr zu tragen.

In eine andere Rolle zu schlüpfen, sich zu maskieren und dadurch nicht erkannt zu werden, ist für mich immer sehr reizvoll.

Automatisch würden wir uns von den anderen Feiernden abheben, was ein völlig falsches Bild erzeugen würde und komplett deplatziert wäre. Wir sind ja ein Teil des Ganzen. Also kommt jeder so, wie er möchte. Im vergangenen Jahr war ich zum Beispiel als Indianer unterwegs. Das Themenfeld der ethnischen Verkleidung wurde da gerade mal wieder intensiv debattiert: Darf man sich in heutigen Zeiten noch als Indianer oder Geisha verkleiden oder ist das schon diskriminierend? Sollte man nicht besser auf kulturelle und ethnische Stereotype verzichten? Sich der Klischees bestimmter Ethnien zu bedienen, die historisch betrachtet von Weißen unterdrückt, ausgebeutet und sogar getötet wurden, ist mancherorts nicht mehr erwünscht. Wobei im Karneval sicherlich niemand ein Kostüm wählt, um sich über die jeweilige Ethnie lustig zu machen, sondern um einmal in diese Rolle schlüpfen zu können. Wir möchten keine Kostüme verbieten oder Vorschriften erlassen – wir sind ja nicht die Karnevalspolizei! Natürlich gibt es Ausnahmen wie beispielsweise das Nazi-Kostüm von Prinz Harry, das vor ein paar Jahren durch die Medien ging. Da verstehen auch wir keinen Spaß. Aber sicherlich hat der Narr in vielen

Bereichen seine Freiheiten. Im kölschen Kosmos sind die Verkleidungen nur eine Facette, ein Puzzlestein im großen Ganzen.

In so einer exponierten Funktion, wie wir sie im Festkomitee innehaben, ob als Zugleiter oder als Präsident, macht man sich sehr schnell angreifbar, weil man Position beziehen und Meinungen vertreten muss und weil man plötzlich ein öffentliches Leben führt. Das ist etwas, das ich in den ersten Jahren auf die harte Tour lernen musste. Weil ich als Person ein Gesicht des Festkomitees war, bekam ich es auch persönlich mit Stalking und Bedrohung zu tun, was sich bis in mein privates Leben hineinzog. Mit dieser Verletzbarkeit musste ich erst einmal klarkommen. Dagegen ist die hohe Verantwortung, die man an dieser Stelle trägt, viel leichter zu akzeptieren, weil sie sich auf viele Schultern verteilt.

Jeder, der in einem Verein in einer verantwortlichen Position tätig ist, ist auch bereit, ein gewisses Risiko zu tragen. Ich bin definitiv risikofreudig, aber nur, weil ich die meisten Risiken ganz gut einschätzen kann. Viele von ihnen lassen sich absichern, aber eben nicht alle. Am Schluss muss man als Führungsperson bereit sein, gegebenenfalls auch den Kopf hinzuhalten. Nicht nur für den ideellen Weg, der beschritten wurde, sondern auch tatsächlich in Haftungsfragen. Und dass wir rund um den Rosenmontagszug mit regelmäßig einer Million Zuschauern enorme Risiken zu tragen haben, brauche ich nicht zu erwähnen.

Der Zugleiter hat eine Handvoll hauptberuflicher Mitarbeiter, die ihm zuarbeiten. Dahinter stehen noch einmal zwanzig ehrenamtlich Tätige in seinem engsten Kreis. Diese Gruppe arbeitet das ganze Jahr zusammen. Rückt der Rosenmontag näher, so steigt die Anzahl der Mitarbeiter exponentiell. Erst kommen die Leute hinzu, die den Zug entwerfen, dann die Wagenbauer, und das geht immer so weiter, bis zuletzt die Menschen aus dem Sicherheitsbereich zum Team dazustoßen. Das System baut sich wie eine Pyramide auf, und plötzlich versammeln sich am

Wenn eine Million Menschen zusammenkommen, passiert immer etwas Unvorhergesehenes. Das muss man aushalten können, auch wenn man nicht immer gut dabei schläft, auch ich nicht.

Rosenmontag knapp 1000 Mitarbeiter, um einen perfekten Rosenmontagszug durch Köln fahren zu lassen. Ich bin jedes Mal wieder überrascht, mit wie viel Eigeninitiative die Menschen dort unterwegs sind. Da wird keiner im Stich gelassen. Wenn unseren Mitarbeitern irgendwo ein Fehler unterläuft, bügelt die Polizei ihn aus, und wenn die Polizei einen Fehler macht, bügeln wir ihn aus. Das passiert in ganz vielen Bereichen des Karnevals. Alle haben ein gemeinsames Ziel, unterm Strich schaut jeder auf die Außendarstellung unserer Stadt. Das finde ich ganz großartig.

Am Tag nach dem Rosenmontagszug bin ich jedes Mal total entkräftet. Bis dahin haben meine Reserven gereicht, und kein Schnupfen, keine Erkältung oder andere Wehwehchen hatten eine Chance, obwohl man im Karneval mit so vielen Menschen zusammenkommt. Aber just an dem Tag, an dem es vorbei ist, stürzt das Immunsystem in sich zusammen. Viele Jahre bin ich nach dem Rosenmontag mit absoluter Sicherheit richtig krank geworden. Das hat sich inzwischen zum Positiven verändert, weil wir Mitglieder des Festkomitees seit ein paar Jahren von einer Ärztin aktiv begleitet werden. Unser Dreigestirn kam schon immer in diesen Genuss, weil es innerhalb der Session Hunderte Auftritte absolviert, für die es hundertprozentig fit sein muss. Bei zehn, zwölf, fünfzehn Auftritten am Tag kann man sich gar nicht vernünftig ernähren oder warmhalten. Ständig wechseln die Temperaturen, wenn man von draußen in die überhitzten Räume kommt, mal sind die Getränke kalt, mal warm. Für das Immunsystem ist das fatal, weshalb die intensive ärztliche Betreuung für Prinz, Bauer und Jungfrau unerlässlich ist. Davon profitiert nun auch der Vorstand des Festkomitees. Dafür bin ich (und meine Gesundheit) sehr dankbar.

Was die Veranstaltungsszene betrifft, und da zähle ich uns Karnevalisten mit dazu, gab es mit dem Unglück auf der Loveparade in Duisburg 2010 quasi eine Stunde null. Nach diesem tragischen Ereignis sortierte sich für uns noch einmal alles anders in Sachen Sicherheit. Zwar hatten wir schon von jeher einen extrem hohen Sicherheitsstandard, der sogar für andere Veranstaltungen übernommen wurde, und doch zogen wir noch einmal Lehren aus den fehlenden Weisungsbefugnissen und Funkverbindungen in Duisburg. Wir stellten uns noch einmal neu auf, zum Beispiel mit neu organisierten Kommandoebenen und der dauerhaften Dokumentation des Funkverkehrs. Außerdem war Duisburg für uns ein Wendepunkt in Bezug auf unsere Vorbereitungen. Wir nahmen das schlimmste aller erdenklichen Szenarien und spielten es in unseren Köpfen komplett durch. Wie verlaufen die Notfall-Kommunikationswege? Wer wird wann, über welche Inhalte, vor wem und vor welchem Hintergrund, an welcher Stelle, im Kostüm oder nicht, die Öffentlichkeit informieren? Tausend Elemente, die eine Rolle spielen. Seitdem bereiten wir uns exakt auf diese Situation vor. Bei uns ist klar definiert, wer in welchem Fall wohin geht und ob derjenige sich umzieht und abschminkt oder eben nicht. Soweit es möglich ist, haben wir alles festgelegt, und wir wissen sehr genau, was wir in so einem Fall zu tun haben. Das gibt natürlich Sicherheit.

Vor zwei Jahren ereignete sich während des Rosenmontagszugs ein Unfall, als mehrere Pferde mit einer Kutsche durchgingen. Fünf Personen wurden verletzt, teilweise schwer. Anfangs war die Situation für uns unübersichtlich, wir konnten gar nicht einschätzen, wie schwer der Unfall wirklich war. Trotzdem war uns wichtig, sofort dort hinzugehen, mit den Menschen zu reden und präsent zu sein. Entsprechend unserem Notfallplan gingen wir zum Unfallort und später auch in die Krankenhäuser, in denen die Verletzten behandelt wurden. Glücklicherweise ließ sich die Unfallsituation sehr schnell klären, so dass der Zug nicht abgebrochen werden musste. Dennoch steht man als Präsident des Festkomitees danach nicht mehr freudestrahlend Kamelle werfend auf dem Wagen. Das wäre auch nicht das richtige Zeichen gewesen. Mich hatte der Unfall so getroffen und so berührt, dass ich am liebsten gar nicht mehr auf den Wagen gegangen wäre, aber in einem gewissen Rahmen heißt es bei einem Event, mit dem man eine Million Besucher erfreut, auch immer: »The show must go on.« Aber eben nur in einem gewissen Rahmen, und der war damals gegeben.

Der letzte tödliche Unfall im Rahmen des Kölner Rosenmontagszugs ist bereits über zwanzig Jahre her. Damals kam ein junges Mädchen unter einen Traktor. Sie war eine Helferin, die den Zug begleitet hatte und jemanden aus

Vorsicht wegziehen wollte – dabei wurde sie selbst überrollt. Das war ein sehr tragischer Unfall. Wir haben jetzt viele Jahre ganz großes Glück gehabt und solch einen vergleichbaren Schicksalsschlag nicht mehr erlebt.

Ein paar schwere Entscheidungen mussten wir in den letzten Jahren in unserer Position dennoch treffen. Schwierig war beispielsweise die Entscheidung im vergangenen Jahr, die Pferde aufgrund einer Sturmwarnung aus dem Rosenmontagszug herauszunehmen. Im Gegensatz zu anderen Städten haben wir hier in Köln die Möglichkeit, unseren Zug der jeweiligen Wetterlage anzupassen. Ein mehrstufiges Genehmigungsverfahren erlaubt uns, einzeln zu entscheiden, ob wir die Kinder herausnehmen, die Pferde, die Großfiguren, die Fahnen, die Schilder etc. Der Zug kann dann unterschiedlich abgestuft stattfinden – reduziert zwar, aber er findet statt. Eine ähnliche Situation hatten wir schon einmal drei Jahre zuvor, damals wurden in Düsseldorf und Mainz die Rosenmontagszüge komplett abgesagt, hier in Köln zog der Zug wiederum in abgespeckter Version durch die Stadt. Natürlich gab es in beiden entsprechenden Jahren Karnevalsgesellschaften, die unsere Entscheidung nicht besonders begrüßten. Für die Reiterkorps, bei denen das Pferd ein zentrales Element ist, ist es fatal, wenn wir die Pferde aus dem Zug herausnehmen. Das ist für viele schwer zu verstehen. Dabei sind darunter Leute, die mir lieb sind und mit denen ich befreundet bin. Wenn die mir plötzlich so feindselig gegenübertreten, weil die geliebten Pferde nicht dabei sein dürfen, ist das sehr schwierig für mich. Das bringen aber die Funktionen des Präsidenten oder die des Zugleiters manchmal mit sich. Am Ende des Tages muss man auch das aushalten.

Wir haben nun schon einige Jahre mit großen Bedrohungsrisiken und extremer Terrorgefahr hinter uns. Der Karneval ist positioniert als christliches Fest, das stellenweise auch sehr ausufernd gefeiert wird. Im Grunde genommen ist es genau das Gegenteil von dem, wofür ein Islamist kämpft. Und weil der Karneval als Straßenfest nicht hundertprozentig schützbar ist, war und ist das Bedrohungsrisiko extrem hoch. Selbstverständlich arbeiten wir bezüglich der Sicherheit eng mit den Behörden und vor allem der Polizei zusammen. Sie schätzen die Lage aufgrund ihrer Informationen ein und treffen letztendlich die Entscheidung, ob der Zug gehen darf oder das Risiko zu hoch ist. Nichtsdestotrotz obliegt natürlich auch uns die Möglichkeit, den Zug abzusagen. Es ist ein mulmiges Gefühl gewesen, den Zug beginnen zu lassen, während noch Hundestaffeln nach konkreten Bombendrohungen unterwegs waren und die Stadt absuchten. Wir wollten uns aber nicht unterkriegen lassen, standen auf unserem Wagen und ließen uns nichts anmerken. Nach dem Anschlag auf die Redaktion der französischen Satirezeitschrift »Charlie Hebdo« im Januar 2015 stand ich mit ebensolchen widersprüchlichen Gefühlen auf dem Wagen. Wir sind ja auch nichts anderes als Karikaturisten – wir lassen auch keine Themen aus, weder religiöse noch gesellschaftliche. Wenn es plötzlich heißt: »Muss dieser Wagen wirklich sein? Der ist so drastisch, der könnte Attentäter anlocken!«, dann müssen wir als Verantwortliche am Ende rechtfertigen, warum dieser Wagen in den Zug darf. Für mich ist und bleibt das Spiegelvorhalten ein wichtiges Element des Karnevals, weshalb wir diesen Weg auch weitergehen. Was das mit einem macht, lässt sich von außen gar nicht abschätzen. Diese Entscheidungen kann man aber nur selbst treffen. Am Ende ist entweder der Zug-leiter oder der Präsident des Festkomitees derjenige, der entscheidet: »D'r Zoch kütt.« Und abends liegt man dann im Bett und denkt sich: »Wie gut, dass nichts passiert ist!«

Das Festkomitee-Team läuft inzwischen wie ein Perpetu-um mobile. Es motiviert sich selbst und macht mir wahn-sinnigen Spaß. Obwohl ich eigentlich schon einer der alten Hasen bin, fühle ich mich in diesem Team noch ganz jung. Das ist übrigens auch in meinem Beruf so. Und trotzdem stellt sich natürlich die Frage, wie lang ich das noch machen kann und möchte. Die Lust dazu habe ich. Wir arbeiten im Augenblick auf ein Jubiläum zu: 2023 wird der Kölner Karneval 200 Jahre alt. Für dieses Jubiläumsjahr laufen jetzt schon ganz viele Projekte an, die ich auf jeden Fall bis zum Ende mitgestalten möchte. Und danach würde ich gerne noch ein bisschen Zeit haben, um alles einem neuen Team übergeben zu können. Schon jetzt holen wir viele junge motivierte Leute und versammeln sie um uns herum, von denen wir wissen, dass sie uns eines Tages beerben werden. Schön wäre es, wenn noch genug Zeit bliebe, sie vernünftig anzuleiten, sie nicht ins kalte Wasser zu schmeißen und ihnen auch unseren Weg, unsere Auffassung von Tradition und Moderne und dem Umgang mit Verantwortung mit-zugeben. Das wären noch Ziele, die ich sehr gerne verwirk-lichen würde. Aber dann würde ich gerne wieder als einfa-cher Blauer Funk im Zug mitgehen, am Straßenrand stehen und durch die Kneipen ziehen.

NICHT MORGEN. HEUTE!

Es gibt eine Eigenschaft, die mich, so glaube ich zumindest, besonders auszeichnet und die andererseits die Menschen um mich herum besonders fordert. Ich bin immer genau in der Situation, in der ich gerade bin – aufmerksam, konzentriert, authentisch. Das bedeutet im Umkehrschluss, dass ich zwischen meinen unterschiedlichen Aufgaben und Rollen gut hin und her wechseln kann, die eine Sache hinter mir lasse, während ich in der anderen aufgehe. Ob ich als Bestatter seelischen Beistand leiste, als Festkomiteepräsident das Dreigestirn für die nächste Session auswähle oder aber gemeinsam mit meiner Frau die Geburtstagsfeier eines Freundes ausrichte, in jedem dieser Momente zählt nichts anderes. Wenn man diesen Wechsel beherrscht und ihn als solchen auch annimmt, macht das sogar große Freude, weil man jedes Mal ein anderes Leben betritt. Mit dieser Herangehensweise komme ich sehr gut zurecht und kann dadurch auch viele Situationen, die ich beruflich erlebe und die ich nicht so leicht vergessen kann, ein Stück weit hinter mir lassen. Wenn ich zum Beispiel von einer Familie nach Hause komme, die ihr Kind betrauert, dann kann ich auf der Fahrt nach Hause diese Situation so ablegen, dass sie zwar nicht verschwunden ist, aber dass sie zumindest so weit in den Hintergrund rückt, dass ich meiner Familie nicht anders entgegentrete als sonst. Diese Fähigkeit ist zweifellos ein Segen, kann aber manchmal auch ein Fluch sein, weil ich durch sie regelmäßig Termine vergesse.

Ein paar kleine Tricks erleichtern mir meine Rollenwechsel. So habe ich beispielsweise verschiedene Taschen für meine jeweiligen Aufgaben. Schnappe ich mir jene Tasche, die mit meinen Unterlagen für das Festkomitee gepackt ist, und steige ins Auto, dann bin ich gedanklich schon im

Da ich mich in jede Situation hineinfallen lassen kann und alles andere ausblende, vergesse ich auch schon mal etwas. Aus diesem Grund muss ich sehr gut von außen organisiert werden, um mich nicht in einer Sache zu verlieren.

Karneval, kaum dass ich unsere Hofeinfahrt verlassen habe. Anfangs habe ich das gar nicht bewusst gemacht. Dieser Spleen entwickelte sich so, und irgendwann fragte ich mich, weshalb jetzt eigentlich ständig vier Taschen bei mir herumstehen? Aber so muss ich nicht ständig umpacken und habe es logistisch sehr viel einfacher. Abgeguckt habe ich mir das ein bisschen von meiner Frau. Auch wenn es ein Klischee ist, aber sie hat wie viele Frauen eine große Sammlung an Handtaschen. Wenn sie diese einmal wechselt, muss sie regelmäßig den gesamten Inhalt umräumen. Dann kommt es auch mal vor, dass irgendetwas fehlt, weil es gerade in der anderen Tasche liegt. Ich denke, dass das jeder kennt und es als nervig und anstrengend wahrnimmt. Insofern habe ich die Not zu einer Tugend gemacht und nutze jetzt meine unterschiedlichen Taschen für meine jeweiligen Tätigkeiten – und vergessen habe ich schon lange nichts mehr!

In der Session ist natürlich auch das Umziehen, also der

Kleidungswechsel, ein klares Indiz für eine andere Welt. Mit der äußerlichen Veränderung wechselt sich auch mein Inneres, mit einem neuen Gewand bin ich sofort in einer anderen Funktion und Rolle – sozusagen ein anderer Mensch. Das hilft enorm. Manchmal ziehe ich mich an Karnevalstagen fünf oder sechs Mal um, was stellenweise ziemlich aufwendig ist, aber dafür fällt mir der Rollentausch besonders leicht.

Zu guter Letzt sind es natürlich auch noch die unterschiedlichen Orte, die mich in meine jeweilige Funktion versetzen. Im Bestattungshaus unterhalte ich mich selten über den Karneval und im Festkomitee wiederum selten über das Bestattungshaus. Für mich sind die Orte mit den jeweiligen Themen stark verbunden, und unsere Wohnung ist der heilige Ort, wo weder der Karneval noch die Firma etwas zu suchen haben. Ich gestehe, bei uns hängt ein Bild vom Kölner Rosenmontagszug in der Nachkriegszeit an der Wand. Es zeigt die Altstadt, die quasi nicht mehr existiert. Außerdem sieht man, wie sich die zwei Teile des Zuges genau vor dem Kölner Dom begegneten, bevor sie in unterschiedliche Richtungen weiterfuhren. Der Zugweg führte damals zwei Mal am Dom vorbei. Dieses Bild ist ein Phänomen, und nur deswegen hängt es in unserer Wohnung, nicht weil es etwas mit Karneval zu tun hat. Darüber hinaus findet sich bei uns nichts, was mit der fünften Jahreszeit in Verbindung zu bringen wäre, zumindest außerhalb der Session. Und genauso gibt es auch nichts, was mit dem Bestattungshaus zu tun hätte.

Meine Wechsel in die jeweilige Funktion fallen mir, wie gesagt, sehr leicht, und ich funktioniere in solch einer Situation wie auf Knopfdruck. Als Kind hatte ich mit Asthma zu kämpfen, weshalb ich mich schon damals mit autogenem Training beschäftigte. Ich kann mich in Stresssituationen ganz gut selbst manipulieren und dadurch auch leichter

In meiner Wohnung gibt es nur mich, den Menschen, nicht den Bestatter, nicht den Festkomiteepräsidenten, nur mich und meine Familie.

abschalten. Das ist von unschätzbarem Vorteil, weil ich dadurch eigentlich immer gut schlafe – es sei denn, es ist die Nacht vor Rosenmontag. Da bin selbst ich zu aufgeregt und kann aus lauter Anspannung kaum ruhig schlafen. An allen anderen Tagen kann ich das Gesehene und Erlebte abends sehr gut ausblenden und mir sagen, dass genau jetzt Schlafenszeit ist.

Dieses Wechselspiel zwischen Karneval und Bestattung, zwischen Ausgelassenheit und Verzweiflung gelingt mir meist mühelos auch mehrfach am Tag. Ein oder zwei Mal gab es allerdings ganz fatale Überschneidungen, die mich in dem Moment ziemlich aus der Bahn geworfen haben. Bei der Fernsehaufzeichnung einer Karnevalssitzung wurde ein Lied gespielt, das ich an dem Tag schon einmal gehört hatte – in anderem Kontext, auf einer Beerdigung. In diesem Moment erwischte mich der Titel wie ein Flashback, und ich durchlebte noch einmal die Achterbahnfahrt der Gefühle dieses Tages. Für das Fernsehbild wollte ich mich zwingen zu lächeln, aber dann liefen mir die Tränen über die Wangen, in mir herrschte völliges Gefühlschaos.

Diese ganz besondere musikalische Komponente des Karnevals kann für mich manchmal ein Fallstrick sein, weil mich vielleicht ein emotionaler Moment der Musik noch einmal auf eine ganz andere Art und Weise berührt. Wir haben heute beispielsweise durch die relativ neu etablierte Band »Kasalla« drei, vier Lieder, die sich zu den Evergreens der Karnevalslieder hinzugesellt haben und die sich in ihren Texten mit dem Tod und unserer Endlichkeit beschäftigen. In »Alle Jläser huh« – übersetzt »Alle Gläser hoch« – heißt es »Op die Liebe, op et Lävve, op die Freiheit und d'r Dud«, also »Auf die Liebe, auf das Leben, auf die Freiheit und den Tod«. Es geht darum, den Augenblick zu feiern und den Menschen zu gedenken, die nicht mehr unter uns sind. Ich gebe zu, dass mich das in bestimmten Momenten extrem abholt. Das ist nicht immer gut auszuhalten, und ich habe größte Mühe, mir da nichts anmerken zu lassen. Meine Familie und meine engen Freunde merken das natürlich trotzdem, aber nach außen ist es dann meist nicht zu sehen – da versuche ich, der Profi zu bleiben.

Sehr oft werde ich gefragt, ob ich mir nicht zu viel zumute: »Du führst eine eigene Firma, engagierst dich so im Karneval, hast auch noch Frau, Kinder und Enkel, machst außerdem parallel noch andere Projekte. Stresst dich das alles nicht zu sehr?« Was soll ich darauf antworten? Natürlich ist das alles manchmal anstrengend. Es bedeutet sicherlich auch Stress. Aber ich entscheide doch selbst, was für mich Stress im negativen Sinn ist. Dass das Leben zeitweise anstrengend ist, ist normal.

Ich denke, dass jeder sich sein eigenes Bild von dem schafft, was er tut, und sich diesbezüglich auch selbst ein Stück weit beeinflussen kann. Diese Reflexion versuche ich zumindest immer in meinen Alltag einzubauen. Selbst in arbeitsintensiven, schwierigen Phasen sage ich mir: »Hey, es macht dir doch Spaß. Du freust dich doch eigentlich darauf.«

Manchmal habe ich Tage, an denen bin ich total müde und erschöpft, trotzdem gehe ich an diesen mit der gleichen Lust ins Büro. Ich konditioniere mich und motiviere mich selbst: »Jetzt machst du dir erst einmal einen Kaffee,

Kein Leben ist dauerhaft einfach. Wenn ich aber mein Dasein grundsätzlich als sinnvoll und schön empfinde, wenn ich das Positive daraus mitnehme, dann wandle ich die Zeiten großer Anstrengung in positiven Stress um.

danach geht es dir auch schon wieder ein bisschen besser. Und an die Beratung gehst du jetzt so richtig mit Freude heran. Die Familie hat ja eine bestimmte Vorstellung. Da musst du jetzt schauen, dass du das hinkriegst. Du hast da ja auch einen eigenen Anspruch.« Genauso sage ich: »Jetzt hast du für heute ein schwieriges Gespräch im Festkomitee, hast irgendwelche Zwists beizulegen oder schwierige, persönliche Situationen aufzulösen. Das musst du verantwortungsvoll meistern. Du hast hier Mitarbeiter, die geführt werden müssen.« Die Arbeit ist für mich zeitweise zwar belastend, aber nie negativ besetzt. Wenn ich nicht im Bestattungshaus oder im Festkomitee sitzen würde, stattdessen irgendwo anders, beispielsweise an Eisenbahnen herumschrauben und Modellchen bauen würde, dann könnte ich mir mein Leben nicht so erfüllt vorstellen, wie ich es zurzeit führe. Ich möchte nichts anderes machen und mit Menschen Dinge gestalten – das ist meine ganz persönliche Eisenbahn.

In meinem beruflichen Alltag kommen häufig die schlimmsten und traurigsten Gefühle zusammen. Erbarmungslos wird mir tagtäglich aufgezeigt, wie verletzlich das Glück und das Leben ist. All die Dinge, die wir als selbstverständlich erachten, sind extrem flüchtig und zerbrechlich. An jedem einzelnen Tag erhalte ich diese Mahnung – das eigene Leben zu leben und auch das kleinste Glück zu schätzen.

Wenn ich morgens in den Betrieb komme, gehe ich immer den gleichen Weg durch die Räumlichkeiten bis zu meinem Büro. Dabei komme ich auch am Kühlraum vorbei und sehe, wer seit letzter Nacht unser Gast ist. Daraus entwickelt sich automatisch eine gewisse Demut und das Bewusstsein, dass man selbst eines Tages hier liegen wird. Das kann morgen oder aber auch erst in einigen Jahren sein. Es gibt keine Gewissheit und keine Garantie. Mich veranlasst dieser Gedanke, möglichst nichts mehr auf die lange Bank zu schieben und im Hier und Jetzt zu leben.

Während andere Leute sich die gute Flasche Cognac für einen besonderen Anlass aufsparen, wird sie bei mir getrunken. Wenn sie dran ist, ist sie dran – ganz einfach. Natürlich muss man auch planen und kann nicht nur in den Tag hineinleben. Doch wenn sich mir die Chance bietet, etwas Besonderes zu machen, dann tue ich das auch. Es kommt immer darauf an, wie man in solchen Fällen seine Prioritäten setzt und was einem am Ende wirklich wichtig ist. Diese Erkenntnis ist der große Gewinn für mein Leben. Dass ich mich darüber freuen kann, einfach da zu sein, dass ich versuche, jeden Tag zu leben und nichts aufzuschieben, das ist ein großer Reichtum, für den ich ausgesprochen dankbar bin. Aus dieser Dankbarkeit heraus kann ich vieles annehmen und auch hier und da mal völlig egoistisch etwas umplanen, wenn ich denke, das tut mir am Ende nicht gut. Und wenn ich – hoffentlich im hohen Alter – irgendwann auf einer Bahre liege und zurückdenke, kann ich hoffentlich

Zu häufig habe ich Sätze gehört wie: »Mein Mann hat sein ganzes Leben für die Firma geopfert, bis er vor kurzem in Rente gegangen ist. Nun hatten wir uns endlich das ersehnte Wohnmobil gekauft, um auf Reisen zu gehen, und dann bekommt er einen Herzinfarkt und stirbt.«

sagen: »Es war alles gut, so wie es war.« Nach Möglichkeit möchte ich keinen verpassten Chancen nachtrauern. Zwar wird es diese Momente immer geben, aber ich versuche sie bereits zu meinen Lebzeiten zu minimieren. Das ist eine der wichtigsten Lehren, die ich aus meinem Beruf für mich persönlich mitgenommen habe.

Erst vor kurzem musste ich wieder feststellen, wie falsch es ist, Dinge auf ein nächstes Mal zu verschieben. Ich führte ein Gespräch mit einer todkranken Frau über ihre eigene Bestattung, und wir philosophierten gemeinsam auf sehr lustige Art und Weise über das Leben. Aus diesem Gespräch generierten wir schon einen kompletten Ablauf ihrer späteren Bestattung. Als wir uns verabschiedeten, sagte ich, bei unserem nächsten Treffen in der kommenden Woche könnte ich dann noch mal meine Unterlagen mitbringen, um die Details festzulegen. Aber zu unserem nächsten Treffen kam es nicht mehr. Ihre Familie rief mich an und erzählte mir, dass die Dame es nicht mehr nach Hause geschafft hatte. In mir brodelte der Gedanke: »Hättest du alle Unterlagen dabeigehabt, hättet ihr alles zu Ende besprechen können.« Ich hätte es besser wissen oder besser vorbereitet sein können.

Es gibt diese Verlässlichkeit einfach nicht: Wir sehen uns nächste Woche! Nein, wir sehen uns vielleicht nicht mehr. Dieser eine Tag, den wir heute erlebt haben, den gibt es nicht noch ein Mal. Jeder Tag ist ein Unikat. Das ist so eine große, schlichte Wahrheit. Jeder geht wie selbstverständlich davon aus, dass er am nächsten Morgen wieder aufwacht und der alltägliche Kreislauf von vorne beginnt. So ist es aber nicht immer!

Mein Vorgänger im Amt des Festkomiteepräsidenten zeigte mir, dass sich die eigenen Prioritäten tatsächlich umsetzen lassen, wenn man nur will. Als Vater und Familienmensch zog er ab einem gewissen Punkt die Reißleine, sogar mitten in der Session und selbst wenn ein wichtiger Termin mit dem Oberbürgermeister anstand. Er meinte: »Wenn die Familie ruft, dann ist die Familie dran.« Uns blieb nichts anderes übrig, als ihn in solchen Situationen zu vertreten, weil er tatsächlich bei seiner Familie war. Und das funktionierte auch!

Im Karneval gibt es Situationen, in denen ich das Gefühl habe, gerade extrem beschäftigt zu sein und große Verantwortung zu tragen. Genau dann findet aber ein wichtiger Termin statt, und ich gehe nicht hin! Vielleicht gehe ich lieber mit meiner Frau zum Italiener und trinke mit ihr ein Glas Wein. Oder ich setze mich auf mein Motorrad und fahre einfach mal wieder drauflos. Oder ich nehme mir einfach die Zeit für mich, weil ich das Gefühl habe, aus dem Gleichgewicht zu kommen. Solche Dinge entscheide ich sehr impulsiv, weil sich für mich gerade eine Wertigkeit verschiebt. Von außen ist das nicht immer nachvollziehbar, vermutlich sogar irrational, aber ich handele dann ganz genau nach meinem Gefühl. Und hätte ich einen Herzinfarkt, dann müsste ja auch jemand anderes für mich einspringen.

Auch im Verhältnis zu meinen Eltern ist mir in den vergangenen Jahren noch einmal besonders bewusst geworden, wie wichtig das Leben im Jetzt ist. Meine Eltern sind mittlerweile beide achtzig Jahre alt. Mein Vater hatte im vergangenen Winter einen Schlaganfall, der ihn ganz plötzlich aus seinem Alltag riss. Anfangs war er in einem sehr kritischen Zustand, aber er kämpfte sich zurück. Wenn man von dem Schlaganfall nichts weiß, merkt man es ihm inzwischen auch gar nicht mehr an. In der ersten Zeit war das anders, und er schritt hilflos wie ein Kind durch den Tag. Plötzlich war ich als Sohn der Erwachsene und der Starke, der die Richtung vorgeben und ihn motivieren musste, zu trainieren und an sich zu arbeiten. Für mich war das eine ganz neue und auch weniger schöne Erfahrung, die mir gezeigt hat, dass am Ende jeder Tag zählt. Niemand weiß, wie lang die eigenen Eltern uns erhalten bleiben. Und am Schluss hört man dann wieder: »Hätten wir doch noch gesprochen, hätten wir noch Bilder angeschaut ...« Das hat mich wieder dazu gebracht, mir selbst zu sagen: »Mach einfach. Und zwar jetzt.« Auch im Hinblick auf dieses Buch beschloss ich daraufhin, mit meiner Mutter einfach mal Fotos von früher anzuschauen. Jedes von uns Kindern bekam irgendwann von ihr solch ein Album mit Fotos aus der Kindheit geschenkt. Ewigkeiten hatte ich schon nicht mehr darin geblättert. Ich fuhr also zu meiner Mutter, um gemeinsam mit ihr in den Alben zu schmökern, was sich zu einem richtig schönen Nachmittag entwickelte. Viele Fotos hatte ich schon nicht mehr in Erinnerung, andere, die ich erwartet hatte, waren nicht darin. Einige von den Fotos habe ich dann mit meinem Handy abfotografiert. Aus dem Album wollte ich sie natürlich nicht nehmen, aber sie bei mir tragen schon. So kann ich jetzt ab und zu einen Blick darauf werfen, wenn mir danach ist. Und das tue ich tatsächlich häufiger, als ich es mir vorher hätte vorstellen können, und meiner Mutter habe ich mit dem Nachmittag eine ebenso große Freude bereitet.

Wir haben uns fest vorgenommen, das jetzt regelmäßig zu machen. Hoffentlich schaffen wir das auch. Als ich am Geburtstag meiner Mutter ihre Feier verließ, nahm sie mich zum Abschied noch einmal in den Arm und sagte: »Ich bin froh, dass ich dich habe!« Ich habe sie daraufhin noch einmal ganz kräftig gedrückt und versucht, mir jedes Detail der Situation fest einzuprägen.

Wenn ich mich verabschiede, überlege ich, was derjenige oder diejenige jetzt eigentlich anhatte oder was heute besonders war. Ich versuche, meine Wahrnehmung ganz weit zu öffnen. Ebenso handle ich, wenn die Kinder morgens aus dem Haus gehen. Dann bemühe ich mich immer, diese Situation des Abschieds wirklich wahrzunehmen. Haben wir uns nur »Tschö« gesagt oder uns in die Augen gesehen, uns umarmt, vielleicht noch etwas anderes besprochen? Unter Umständen sind das irgendwann mal letzte Worte.

Erziehungstechnisch können sich wegen meiner grundsätzlichen Haltung zum Leben und meinen gesetzten Prioritäten durchaus problematische Situationen ergeben. Wenn ich tagsüber beispielsweise eine Familie betreut habe, die gerade ihr Kind verloren hat, komme ich nach Hause und möchte nur noch kuscheln und gemeinsam Zeit verbringen. Hat eines der Kinder an genau diesem Tag eine

Fünf in Mathe mit nach Hause gebracht (was natürlich nie passiert), dann ist das für mich angesichts meines Tages natürlich überhaupt kein Thema. Die Familie, die ihr Kind

Viele Leute fragen sich, wenn sie sich an einen Verstorbenen zurückerinnern, wann sie diesen Menschen eigentlich das letzte Mal gesehen haben. Solche Situationen erlebe ich jeden Tag.

betrauert, würde sich freuen, wenn dieses Kind noch einmal eine Fünf schreiben würde. Ich sagte ja schon, dass das erziehungstechnisch problematisch ist, denn natürlich sollte eine schlechte Note sehr wohl ein Thema sein und nicht mit kuscheln und einer schönen gemeinsamen Zeit belohnt werden. Faktisch ist es aber so, dass in meinen Augen viele Alltagsprobleme, die die Kinder mit nach Hause tragen, unwichtig werden. Da muss ich sehr aufpassen, denn das sind natürlich durchaus wichtige Themen in der aktuellen Familiensituation. Das aufeinander abzustimmen ist manchmal schwierig. In dem Moment bin ich einfach nur froh, dass meine Familie sich bei mir befindet, und sie müssen gar nichts machen oder etwas besonders gut können – allein ihr Dasein erfüllt mich mit Glück. Meine Frau oder meine Kinder fragen dann manchmal, was mit mir los sei und was ich denn habe. Dabei bin ich nur gerade damit beschäftigt, aus vollen Zügen zu genießen.

So sind es bei mir auch meistens nicht die lauten, extremen, gewaltvollen Sterbefälle, die mich mitnehmen, sondern die kleinen und leisen. Die zwischenmenschlichen Töne sind für mich die wirklich wichtigen. Wenn diese Fälle zeitweise bei mir hochkommen, gehen sie auch viel tiefer.

Zum Beispiel die ältere Dame, die an Heiligabend ihren Mann verlor, der vor der Bescherung einfach einschlief und starb. In so einem Fall und an so einem Tag kann es manchmal wirklich schwierig werden, weil ich dem Menschen, der plötzlich allein zurückbleibt, doch sehr nah komme. Hier irgendwann den Schlusspunkt zu setzen und zu sagen, man müsse jetzt auch mal wieder zu der eigenen Familie zurückkehren, ist nicht leicht. Bei diesem bestimmten Beispiel hätte ich die ältere Dame beinahe zu uns nach Hause genommen, aber dann kam ein Nachbar, der sie zu sich einlud und mit ihr Heiligabend verbrachte.

Ganz am Anfang meiner beruflichen Laufbahn erlebte ich einen ähnlich tragischen Fall. Ein Mann kam zu uns und erzählte, dass seine Frau, mit der er sechzig Jahre verheiratet war, gestorben sei. Er wusste nicht, wie es für ihn nun weitergehen sollte. Das Paar hatte keine Kinder, und auch sonst fehlte dem Mann ohne seine Frau plötzlich jeglicher Grund, sein Leben weiterzuführen. Selbstverständlich versuchte ich, diesem Mann Mut zuzusprechen. Aber meine Worte erreichten ihn überhaupt nicht. Dann erzählte er mir, dass seine Frau ihm immer das Essen gemacht hatte. Heute ist das für viele von uns unvorstellbar, aber seine Frau hatte ihm sogar jeden Tag seine Brote geschmiert. Wirklich an jedem Tag, selbst im gemeinsamen Urlaub. Dieser Mann wusste nicht einmal, wo man das Brot kauft, ganz zu schweigen, wie man es zubereitet. Und mir war sehr schnell klar, dieser Mann mit seinem konservativen Rollenverständnis würde an dem Abend zurück in seine Wohnung kommen und wäre das erste Mal in seinem Leben allein. Noch in der gleichen Nacht bemühte ich mich, den Pfarrer zu informieren. Weil der katholische nicht erreichbar war, rief ich in meiner Not den evangelischen Pfarrer an. Gemeinsam überlegten wir, was wir tun könnten, um diesem Mann einen Grund zu geben, am nächsten Morgen überhaupt aufzustehen. Außerdem musste er essen, trinken und seine Wäsche für den Tag heraussuchen. Er ist tatsächlich vier Wochen nach seiner Frau verstorben. Auch das ist so ein kleiner, leiser Fall. Der macht keinen Rabatz und kein Getöse. Diese Sterbefälle erlebt man jeden Tag. Menschen, die einsam leben und ebenso einsam sterben. Und die Geschichten, die ich selbst erlebt habe, samt ihrer Menschen darin, bewahre ich tief in meinem Herzen.

Genau wie die Geschichte, in der mit 25 Pfennig eine lebenslange Schuld zurückgezahlt wurde.

Danksagung

Es gibt viele Menschen in meinem Leben, die mir jeden Tag aufs Neue mit Rat und Tat zur Seite stehen, die mich auf meinem Weg begleiten und unterstützen mit ihrer Kreativität, ihrem Wissen, ihrer Empathie und ihrer Liebe. Dafür möchte ich an dieser Stelle von ganzem Herzen Danke sagen.

Ich danke meinen Eltern, die mich meinen Weg haben gehen lassen, meinem lieben Bruder Stephan, der in der schwersten Stunde meines Lebens an meiner Seite stand (und den ich viel zu selten sehe), meinen Kindern Laura und Marcel für ihren Blick auf die Welt, meinen Bonus-Kindern Raja, Robin, Quentin und Marla, die trotz schwieriger Umstände immer noch ein Teil meines Lebens sind, und natürlich meiner Frau Katia, die gemeinsam mit mir durch sämtliche meiner Welten tanzt und mich dabei durchschaut wie niemand sonst, und ihren Töchtern Lorena und Angelina für die engagierten Diskussionen.

Ich danke allen meinen Mitarbeitern und Mitstreitern sowohl im Bestattungshaus als auch im Festkomitee für ihre Loyalität und fachkundige Unterstützung ebenso wie für ihr Verständnis, dass ich ständig auf mehreren Baustellen gleichzeitig agiere, meiner Assistentin Marion Panthöfer sowie meiner Büroleiterin Tanja Heß, ohne die mein Zeitmanagement niemals funktionieren würde, und der Pressesprecherin des Festkomitees Tanja Holthaus, die inzwischen weitaus mehr über die Geschichte des Kölner Karnevals weiß als ich.

Ich hätte mir keinen kompetenteren Partner als den S. Fischer Verlag für dieses Projekt wünschen können. Ich danke Dr. Julia Schade, die von Beginn an an dieses Buch geglaubt hat, Martina Seith-Karow, die in der hitzigen Phase der Endfertigung des Buches Ruhe bewahrt hat, wenn ich einfach mal ein paar Tage nicht erreichbar war, sowie dem gesamten Verlagsteam für die vertrauensvolle Zusammenarbeit und die kreativen Ideen.

In der heißen letzten Phase der Entstehung dieses Buches haben außerdem meine Frau Katia, mein Sohn Marcel und Michael Kramp, zuständig für die Kommunikation im Festkomitee, wichtige Impulse eingebracht, dafür noch einmal ein besonderer Dank.

Last but not least danke ich meinen Agenten Olaf Köhne und Peter Käfferlein für die freundschaftliche nachhaltige Begleitung und natürlich ganz besonders meiner Co-Autorin Melanie Köhne, ohne die meine Gedanken und Geschichten vermutlich heute noch nicht zu Papier gebracht wären. Sie hat es verstanden, in einer tollen Atmosphäre viele vergessene Momente wiederkehren zu lassen. Es war mir eine Freude.

Bildnachweis